ユマニスムの夢

ユマニスムの夢

ペトラルカからエラスムスへ

EL SUEÑO DEL HUMANISMO

De Petrarca a Erasmo

フランシスコ・リコ

Francisco Rico

清水憲男 訳

Norio Shimizu

岩波書店

EL SUEÑO DEL HUMANISMO
De Petrarca a Erasmo
by Francisco Rico

This Japanese edition published 2023
by Iwanami Shoten, Publishers, Tokyo
by arrangement with the author.

君を説得しようなどとの思いはさらさらなく
紳士に似合う題材だと納得させる気もない
けれどもファン　せめて言っておきたい
彼らのうちで飛び抜けてすぐれた者も
君と同じ穴の狢《むじな》だったということを
遅きに失した感があるとはいえど
これだけは君に言っておきたい

目次

- 訳者による補足的説明を本文中に〔　〕で示したほか、人名やいくつかの用語に「訳注」を付した。「訳注」は巻末に掲載し、その本文中の該当箇所に(1)、(2)……のように番号を付した。
- 原書の文献注解をすべて収録することはせず(「訳者解説」二二一頁参照)、文献の出典情報は簡略化した形で本文中に(　)で括り小字で示した。さらに、それらを補足する情報を巻末の「引用・参照文献レファレンス」に掲げ、その本文中の該当箇所に＊1、＊2……のように番号を付した。

序
ユマニスムの夢を追う

ヨーロッパ文化の大通りで、ユマニスム[1]以上に深い足跡を残した知的活動はまずない。これほど重大でありながら、これほど知られていないものも、他に例を見ないのではなかろうか。たとえばヴォルテールに劣らぬ影響力をもったと考えられるロレンツォ・ヴァッラ[2]などは、小さな彫像さえ存在しない。だが［アナール学派の言う］心性史家[3](historien des mentalités)にその理由を尋ねたりはすまい……。「ユマニスム」なる概念が広く使われていないというのではない。それどころか「ユマニスム」や「ユマニスト」は近代の文学、哲学、芸術、科学、政治から法律にいたるまで、専門論文や総論の題として、なにかにつけて見かける。だが私見では、そうしたレッテル貼りが行われながらも、歴史的現実の正しい様態から見ると、大きく乖離していることが多いのではと懸念される。

　言葉遣いに問題なしとしない。たしかに「ユマニスム」なる新語は、［使われるようになってから］まだ二世紀も経っておらず、一九世紀初期の教育プロジェクトを指す語として生まれ、その後、振り返るかのようにして、当時まだあまり研究が進んでいなかったルネサンスの枠組みで、手探りで使われるようになった。かくして生まれるのが遅く、「振り返る」(a ritroso)ようにして使われるようになったことも相俟って、その名残り、昨今の色調をもってなんとか染めあげようとする趨勢、「百科全書」(Encyclopédie)の言う「人文精神」(l'esprit humain)または「人間の科学」(la science de l'homme)、もっと近年になって言われるようになってきた「人権」、「人間的な価値」あるいは「人道主義」などが、[ユマニスムの概念を]正すのを難しくしてきた。

だが[そうした]誤謬は、当初からつきものとなりやすかったとみることもできる。ユマニスムは極めて野心的な刷新の理想を抱えながら生まれ、事実まことに多彩な成果を、多様な領域で果たしてきたが故にこそ、時として幹と枝と接ぎ穂とが取り違えられがちになったことも理解される。ユマニスム史を数十人の専門家向けの高度な文献学の歴史、あるいは視点を変えて、大衆向けとは言わないまでも「全般にわたる基礎教育」史、堅牢な思想学派、あるいは上っ面の域を出ない動静、はたまた軽薄な猿真似行為とさえも考えうる。基本的にイタリアのものでしかなく、とりわけアルプスのこっち[南]側で豊穣だったとみなすことも……。着眼のしかた次第で、禁欲的あるいはアリストテレス的、庶民的はたまた貴族趣味的、創造的あるいは博識志向などのレッテル貼りもできそうだ……。当初からつきまとってしまった矛盾に手前味噌の決着をつけてしまうこともできる。ユマニスムは古典の中に歴史の意義を見いだした、逆にユマニスムは古典を復権させるべく、歴史の意味を裏切ったなどとしてしまう手合いだ。ユマニスムの辿った道にはこうした経緯、否それ以上のものが、まさに当初からついて回り、開き直って見るなら、レッテル貼りは日常茶飯で、我々が適当だと思われる人物をユマニストと自在に呼んでしまうこともできる。

にもかかわらず、また以上により、ユマニスムと言った時、完全に区切ることのできる史的伝統、それなりの知を相互に伝え合い、同じ遺産の継承者たるを自覚し、頻繁に意見対立を見せながらも繋がりあっていた文人たちの系譜、とすることもできる。その連なりは、［フランチェスコ・］ペトラルカ(4)からコルッチョ・サルターティ(5)、［マヌエル・］クリュソロラス(6)、レオナルド・ブルーニ(7)、［レオン・バティスタ・］アルベルティ(8)、［ロレンツォ・］ヴァッラをはじめとして、表舞台には出てこない数百人からなる。うち相当数はペトラルカ以降、二世紀近くにわたって師から弟子へ直接的に繋がる様を辿ることができる。［ブルーニがペトラルカについて、こう記している］「飛び抜けた才能を最初に持った人物で、失われて消えた昔の素晴らしさを見つけて引き出した［原文イタリア語］」。［エラスムスが『キケロ派』の中で言うには］「雄弁術の大いなる刷新者」(reflorescentis eloquentiae princeps)たるペトラルカのかような才を出発点とし、［ピウス二世が指摘するように］「ペトラルカ後、文学が浮上した」(post Petrarcham emerserunt litterae)。これはブルーニ、フラヴィオ・ビオンド(9)、またエラスムス(10)、ルイス・ビベス(11)もしくは［ジュール・セザール・］スカリジェ(12)の見解が一致するところだ。その意味ではユマニスムとは多くの点で、ペトラルカの大いなる教えの伝達、展開、そして考証のことだと言っても誇張にはなるまい。

事実、大局的に見て本書で筆者が取る視点は、大枠で上記に則したもので、その連続する線の進展、紆余曲折、分枝を追うことで、それぞれの逸話、それぞれ固有の現象相応の位置づけをはかりつつ、再生するフマニタス研究を夢見て先駆者たちが思い描いた壮大な行く手を、しかと見据えて行こうというものだ。従来しきりになされてきた方法、すなわち今日「ユマニスム」なる語が連想させるものを、上述の事項に重ねるのではなく、こうした動きの胚胎期に「小さな、あるいは大きな企画」が、主要局面や究極の個人ベースの内側でどのように体現されていったかを考察し、諸現象の土台作りをした人たち自身の視点から少しく眺めたほうが得るところも多く、興味深かろうと考えた次第だ。

いずれにせよ、主に散文で書かれたものにこだわった本書は、全貌を示そうと企んだものでもなければ、関連テーマで触れる重要文献に関しても同様で、全貌、なかんずくイタリアのそれを詳らかにしようとしたものではない。ヨーロッパ文化史における本質的な段階をなすユマニスムの解釈を記述しようとしただけであって、［ドイツの哲学者・社会学者・音楽家のテオドール・］アドルノの言葉を借りるなら、筆者としては各論において「それぞれの事項を論じる時、片時でしかなくとも、全体が輝くよう……ただしそのものすべてがそこにあるなどと主張したりはしない」ことを当然ながら願った次第だ。

手法として妥当か否かは分からないが、筆者はエラスムスを中心とした数章の後で、ユマニスムに見られるいくつかの規定概念――例として修辞学――を論じた。これを前に持ってきて論じてしまうと、そこで［本来］もっと必要とされる項目がうまい具合に展開できず、全体的なまとまりに支障をきたすと考えたからだ。［かくして］本書のような体裁を取った次第で、それによりイタリアが事前に歩んだ道行きの大方をエラスムスが辿って、ユマニスムを説明しようとするのにエラスムスが不可欠であることを示し、まさに全体を俯瞰させるようなエラスムス像を強調できると考えた次第だ。

［以下、執筆を勧めた言語学者・文学者のフランチェスコ・ブルーニ、著者が自分の師であり友人としたジュゼッペ・ビラノヴィッチ、ローマ大学のシルヴィア・リゾをはじめ、二〇人近い研究者の羅列・謝辞が続いた後、次に続く。］

ともかく執筆中、各自の関心事項からしてペトラルカ、ヴァッラ、ポリツィアーノ[13]などの人名や著書に慣れ親しんでおらず、こういう人材を繋ぐ糸、その関連性をほぐすのにつまずいてしまう読者に、本書がなんらかの形で資するところがあるやも知れぬと考えた。また筆者の巨視的な視点が、ユマニスムについて、もっと焦点を絞ってきっちりと論じる専門家諸氏に、いくばくかの興味深い示唆を提供できるかも知れぬことが頭をかすめた。しかし正直に言うのだが、筆者は幾度となく、とりわけ別種の理想的読者を思い、期待を抱いた。正鵠を得た予想外の反論をもって筆者を酷評しながら、いかなる展開になるかはともかく、本書を俎上に載せ、素敵な「歓談の種」(conversation piece)にでもしてもらえれば、との思いだ。そうした忘れがたい木陰に、本書『ユマニスムの夢』を捧げる。

第1章　夢の次元——その広がりと奥行き

夢でしかなかったのは、理想的な町の設計図を俯瞰しておきながら、それを具現するべき石材や工具を持ち合わせなかったからだ。ユマニスムのもっともすぐれ、かつ芳醇な着想の系譜としてあったのは、文化総体の基盤は（単なるレシピとしてではなく）ローマとギリシャの大著述家たちに通じ、評釈の上、言語芸術を追求すべしと一貫して主張したこと、古典語と文学こそ明快さと美しさの鑑、すべての教え、高く評価される所作への入り口、昔のラテン世界の師たちの見事な言葉遣いにならって高雅な文体に整えることこそ、あらゆる知的作業に不可欠だとしたこと、フマニタス研究（studia humanitatis）をこのように理解したうえで古《いにしえ》を再生させることをもって、新しい文明に光を照射させられるとしたことだった。夢でしかなかったのは、企画が紙面上でしか機能しなかったからだ。

＊

その夢をかなえる趣旨を高らかに説いた箇所、古い言葉の上に新しい世界のビジョンを具現せんと説いたところは、ロレンツォ・ヴァッラによる『ラテン雅語論』（*Elegantiae*, 一四四〇年頃）の序文[*1]にある(E. Garin,『一四〇〇年代のラテン散文集』*Prosatori latini del Quattrocento* 他)。ヴァッラの説くところによれば、ローマの言語は人間に益する最高の貢献を果たしている。「公益……人の健康に資する」(publicae ... hominum utilitati ac saluti)、つまりラテン語は人々に自由学芸をもって教育を施し、最高の法律をもたらし、「あらゆる種類の知へ」(ad omnem sapientiam)の道を開き、結果的に人を野蛮な状態から解き放ったという。ラテン語は武力に訴えて野蛮人を圧殺することなく、素晴らしきこと、愛、協調(beneficiis, amore, concordia)に訴えた。ラテン語には人間固有のあらゆる学問や芸術が込められているがゆえ、ラテン語が栄える時、あらゆる知が開花する。反対にラテン語が衰退すれば、同じようにあらゆる知が衰退する。

言語とそれ以外の知との間に、そうした不可分の関係がある理由はいかなるものなのか? 理由は簡単で、切れ者をもって知られる哲学者、最高の弁士や法律家、すべての領域での卓越した専門家は、正確で品位のある表現に細心の注意を払った人、「話し上手になろうとした人」(ii ... bene loquendi studiosissimi)であるのを常とするからだ。よってラテン語を話す人がいなくなって幾世紀も経った今、哲学、法学が衰退し、古代の人たちが最上位に置いたものが、こぞって同じ運命を辿るのも、先のことではない。

こうした前提からすると、このドラマチックとも言える状況への対処法はおのずと明らかとなる。ラテン語を深めてゆくことで、他の「すべての」学問分野を、古代のまったき状況に戻すことが容易にかなうだろう。然り、「すべて」だ。なぜならフマニタス研究なくして(sine studiis humanitatis)、一つの学も正しく知に納めることはできないからだ。市民法であれ教会法であれ法律、医学あるいは哲学、さらには神学や聖書学に携わる人にとって「雄弁術」(eloquentia)が必須とされる。たとえば教会教父、キリスト教思想で傑出した師たちは、神の宝石にしくほどの言葉を、雄弁術をもって光輝かせているし、その雄弁術を解さぬ者は神の言葉を理解しないことになろう。「そして確かに雄弁者たちだけが……教会の支柱」となりうる。

幸いなことに、我々は新しい時代の夜明けを今迎えている。自由学芸と対をなす絵画、彫刻、建築の三つは文芸と共に衰退したものの、息を吹き返しつつある。ヴァッラは、もう少しの辛抱をもってすれば、ローマの言語[ラテン語]、「それにすべての知」(et cum ea disciplinas omnes)を取り戻すことができるのは間違いないと言う。『雅語論』はガリアに拘束されていたローマを奪還するという、まさに大いなる呼びかけなのだ。現代の[ローマの第二創建者と称される]カミルス(Camillus)として蘇ったヴァッラは、みずから旗手を買って出て、先頭に立って破格の難局に対峙したのだった。だがそこにはクイリテス[ローマ市民]たち、すなわち教養人、「文人とローマの言語に親しんでいるとされる者」は、こぞって参戦しなくてはならなかった。「いざ、この崇高にして美しき闘いに臨まん」。

ヴァッラが招集をかけた「闘い」は、文芸をもって武器とすると言っても、単に文芸上の闘いにとどまるものではなかった。ラテン語の救済は、歴史へのあらゆる視点と連動し、法令から造形芸術まで、医学から精神性に関わる事象に至るまで文明全体を動かし、「人に役立ち、福祉全体」に関わるもので、一つたりとも軽んじるものであってはならなかった。他方、おしなべて闘いにあっては片方の勝利はもう片方の敗北を意味した。カミルスの勝利はガリア人の惨敗を意味しよう。しかしそもそも古代ローマの侵略を隠喩的に想起した場合、その反対側に位置取りをするガリア人とは何者だというのか？　その答えはたとえば、一三六八年にフランチェスコ・ペトラルカが［教皇］ウルバヌス五世宛に書き送った熱い書簡に見ることができる（『老年書簡』*Seniles*）。

ほとんど価値もない（fere nichil）ローマに滞留を強いられていたフランス人枢機卿たちからすれば、それはいたたまれない状況としか言いようがなかったが、齢を重ねていたペトラルカはそれにも増していたたまれない思いで、彼らに食ってかかった。ガリアに見識のある人材を探し求めても、まるで徒労に終わると。自由学芸、自然科学、歴史、雄弁術、道徳、なにからなにまでイタリア人に依拠しているではないか。「どんな叡知……いかなる哲学領域でそうでないというのか？・［原文ラテン語］」。二種の法律を作ったのは他ならぬイタリア人ではなかったか。教会博士たちはどこに生まれ、どこで生活したというのか？　イタリア以外のどこで雄弁家や詩人を見つけられるというのか？　これは当然のことでラテン語の中、ラテン文学（latine litere）の中にのみ、「我々のあらゆる術の根幹、あらゆる学問の基盤」（radix artium nostrarum et omnis scientie fundamentum）が存するからだ。かような豊穣さを前にして、ガリアが受けて立つものといったら、［中世来、学校が集中していたパリの］フアール（Fouarre）通りの騒音ぐらいしかない。

侮蔑的な言辞が一つの時代を葬り去ってしまう。［フアール通りの蔑称］「藁通り」（Straminum Vicus）にあるソルボンヌの教室は、さながらスコラ学の有用性を死守せんとする要塞の感があった。数学を含め、文法学から神学に至るまで、すべての学問が瑣末的なこと（quaestiones）に強引に萎縮させられた後、大仰な討議（disputatio）で自縄自縛に陥り、頑迷な理詰めで牽引され、果ては時を越えて永遠に有効とされる形而上学的な結論に行き着くという手合いだった。スコラ学は知を厳しく階層に区分けし、通暁したわずかな人だけにしか及ばない厳密な専門用語、内々の合言葉を用いた(F. Bruni)。[*2] 学校の某指導者が言うところによれば「知識のある者とない者とが同じような話し方をするのはよろしくないし、金銭に取って替えることのできない学術上の秘密が、俗語で軽んじられるようになってしまうのは好ましくない」(A. de la Torre, *Visión delectable*)。

ガリア人が一番豊穣で高く評価される中世文化、スコラ学の中心をなし、その機構上の要塞たるソルボンヌとオックスフォードが、一三〇〇年代のイタリアに徐々に触手を伸ばすのに成功していったことは、ペトラルカもヴァッラも織り込み済みだった。それと同時に、ガリア人といえば千年来の野蛮人の象徴でもあった。パリのスコラ学者たちはフランス人の枢機卿たちと徒党を組んでウルバヌス五世宛の書簡をしたため、ペテロの座がローマに戻った短期間(一三六七―七〇年)、(キリスト教ではなく、宴会のほうが大事と言わんばかりに)ブルゴーニュのワインが手に入りにくくなったとイタリアを中傷する(もっともペトラルカの記述によれば、それは「近現代の文筆家に認知されてはおらず、銘酒とされたことがかつてないワインで、とり立てて騒ぎ立てるものでもなかった」)。アヴィニョン教皇庁への批判、道徳および宗教に関する考察、文学および哲学の価値評価、アルプスの向こう側での日常生活の仔細に関する視座、こうしたものすべてが一絡げとなって、書簡の冒頭から誹謗対象となったのだった。要は「野蛮」だというのだ。ガリアの人と言えばスコラ学の謂であり、「時代」(aevum)、歴史の一時代の謂だった。

「フアール通り」で展開された諸々の事象を、ラテンの「諸学の根幹」(radix artium)とは無縁とペトラルカが断じ、ヴァッラが「何世紀にもわたって」(multis saeculis)誰一人としてラテン語を書くことも理解もしなかったと切り捨てる時、実際のところは、その時代に諸々の学院が生み出したものは［真剣に］評価するに足るほどのものではなく、そして「何世紀にもわたって」と言う時、それは長期間にわたって翻弄されたことへの思いの表出であって、古代の栄華とよき文芸の時代への回帰に挟まれた「中・世」(edad media)を指すものと理解されなくてはならない。

昔の、より幸せな時代が戻ることもあろう　Nam fuit et fortassis erit felicius evum.
両者のあいだに挟まれたるは塵芥にすぎず　In medium sordes…

（ペトラルカ『書簡』III, xxxiii）

だが間にあるのが塵芥でしかないとするなら、それに対する対応は、言葉や文学、諸々の習慣から日常生活まで綺麗さっぱり、隅々まで掃き掃除をすることになろう。ともかく、その作業の嚆矢となるのは文芸だ。「より幸せな時代」は闇が晴れてからの話で、詩とフマニタス研究が以前のように花を咲かせてからだ。

…闇過ぎた後、おそらく　… Poterunt discussis forte tenebris
我らの末裔は戻られよう　ad purum priscumque iubar remeare nepotes.
古代の清廉な輝きへ　Tunc Elicona nova revirentem stirpe videbis,
その時へリコン山は新芽で　tunc lauros frondere sacras; tunc alta resurgent

緑に覆われ　聖き月桂樹が　ingenia atque animi dociles, quibus ardor honesti
いま一たび　生えそろわん　Pyeridum studii veterem geminabit amorem...
聡明にして秀でたる者　Tum iuvenesce, precor, cum iam lux alma poetis
その時　才知は蘇らん　commodiorque bonis cum primum affulserit etas.
太古の熱情が湧きいで
ピエリデスへの純なる想い…
その時若返りて我を想え
（我がアフリカよ）若返るがよい
詩人たちに光が生命を吹き込み
よりよき時代が善人を訪ねる時

（ペトラルカ『アフリカ』IX）

「すべてが黄金」(aureo tutto)、黄金の時代は古代を彷彿とさせるものでなくてはならない。「昔の所作に溢れた」(pien de l'opre antiche)ものでなくてはならなかった(*Rerum vulgarium fragmenta, Canzoniere*)。

第2章

根幹——胎動から知の奔流へ

しかしガリア人［フランス人］に向けた声に、自国への執着があるのを聴き逃してはなるまい。カルロ・ディオニゾッティ(14)は次のように記している。「分裂してバランスを欠いたイタリアにあって、ユマニスム革命は国家統一的な意味をはらみながら展開した」（C. Dionisotti, *Geografia e storia della letteratura italiana*）。まさに至言である。しかし付言しなくてはならないのは、一三〇〇年代以前を含め、「ラテン文芸」の上に文明を立て直し、「まさにその総体」を夢見て、ユマニスムを構築せんとする壮大な発想は、イタリアにおいてのみ浮上することができたことだ。中世にあって、イタリアで古代の伝統がそれなりにきっちり維持されたのは周知だが、フランスにあっても古典著述家の力を次第に強調するようになっていた。ただイタリアでのみ、ローマの言語と文化とが、文明全体と密につながったものとして感知され、それによってさらに別の文明（すなわちルネサンスという）総体の土台として意識されることができた。現在の目に余るほどの諸悪は、否が応でも過去の偉大さの記憶を思い起こさせずにはおかなかった。その記憶が希薄化していたのが事実だったにせよ、廃墟と化した遺跡、大規模な公共工事や（貨幣、宝石、象牙のように）小さいながらも美しさを保つものが現今に伝わっているのを眺めることで、偉大な過去が彷彿としてくるのだった。豊かな感性をもってすれば、そうした個々のものすべてを文学の糸で繋ぎ、過去に一旦戻ったうえで、未来志向のいと高き希望に繋げたくなるのは、ほとんど必然的とみなすことができる。

不詳の年代記作者が見事な散文で描いたコーラ・ディ・リエンツォ(15)に思いを馳せるだけで、本件はこと足りる。「下層出身」で「公証人」になり「若い時分から雄弁術の授乳を施されながら育った」コーラは、ティトゥス・リウィウス、セネカ、トゥッリウス〔・キケロ〕、ウァレリウス・マクシムスに慣れ親しみ、ユリウス・カエサルの偉業を語るのが大のお気に入りだった。ローマの随所にある大理石の彫刻を、来る日も来る日も調べ歩いた。昔の墓碑を読むことにかけて彼を凌ぐ者はいなかった。昔の原文をことごとく俗語に翻訳することができた。大理石に彫られたものを的確に解説することができた。彼は幾度となく口癖にしていた。「こうした良きローマ人たちは今いずこ？　これ以上望むべくことなき当時の正義や今いずこ？　あの時代がもし自分のものだったら！〔原文イタリア語〕」

一三四七年の〔コーラ失脚〕大事件の理由やその波及について、ここで立ち入ることは控えるが、コーラが「その時なりに」一種のルネサンスを感じ取っていたのは確かだ。彼にとっては、ローマの「恵まれない人」(povera iente)の辛い思い(granisima travaglia)を軽減するという政治活動は、考古学上貴重なものを取り戻す、あるいはリウィウスを読むのと同一線上にあった。市政を庶民に戻すにあたって、彼は自分が発見した銅板に「ウェスパシアヌス帝の権限に関する法」(lex de imperio Vespasiani)と示し、「ローマ市民があまりに素晴らしかったので、皇帝が権限を与えた」のだと解していた。〔コーラが得た肩書の〕アウグストゥス護民官(tribunus augustus)を宣誓し、「勝利の衣装」(vestis triumphalis)

で装いを整え、貨幣に荘厳なローマの様子を反映させたからといって、彼は古代世界をぶつ切りにして模倣していたのではない。理論と実践、幻想と現実とを調合しながら、それなりの配慮を怠ることなく断片を辿りつつ、過去の全体的視座を現代モデルとして具体化させようとしていたのである。

ペトラルカは夢想家のコーラとはかけ離れていたが、大局として一つの革命を目指す思いがあった。「昔に戻って」古代ローマを復活させ、子供たちが墓の中から戻ってきてくれるのと比較したら、今のローマで横行している不正などには、さしたる関心を抱かなかった。護民官のコーラ宛の最初の書簡では、自由を讃美する思いが「ローマの歴史や年代記」の精読を奨励するほうに向かっているのだが、それは価値あることに着手する際の手堅い模範、「有益なる範すべて」(omnis virtutis exempla.『親近書簡集』)が、そうした書物の中から見出すことができるとの確信に基づいたものだった。（これこそが唯一の方法で、今日伝わるペトラルカの最古の詩作品の一つでも、北の野蛮人たちに対抗するのに遅きに失した感ありとはいえ、イタリアの町の結束が、「昔の習慣を取り戻す救いの道」として記されている。）コーラほど気を高ぶらせないまでも、イタリア人の多くは、過去の道筋がいろいろな意味で将来への道標となっていることを直感していた。またペトラルカの明晰さには及ばないながらも、結束したプロジェクト、「刷新されたローマ」(Roma renovata)に思いを馳せていた。そのユートピア張りのプロジェクトが鮮明さを欠いたがゆえにこそ、逆に豊穣にして破格なものとなり、実現不能な計画だったがゆえにこそ、まさに多彩な企画の動因となったのだ。

ことさらイタリアの色づけがなされなかったら、美しいユマニスムの夢が構想されることも決してなかったことだろう。もし中世イタリアの町々があれほどまでの精彩を放たなかったなら、文学が涵養されながらも、知的活動が都市共同体の生活や抱えた問題をわが事としてしかと受け止めなかったとしたら、夢に見た「刷新」(renovatio)を進めるといっても、あれほど当意即妙な影響を各層で及ぼし合うことはなかったろうし、歴史、詩、公事の往還が相俟って展開してゆくこともなかったに違いない。実践と理論、着想と実現との相関にあっても同様のことが言える。事実、己れの来し方を誇りたいと願わぬ町、古代に町を起こした人物を特定しようとしない町は一つもなかった。一二世紀初頭のピサは大聖堂のファサードにアウグストゥスの孫で、コロニア・ユリア・ピサーナ[Colonia Julia Pisanaの呼称をアウグストゥス帝から得たピサ]を擁護したルキウス・カエサルを讃える文言を早々と刻したり、一〇八七年に北アフリカへの遠征に勝利するや、昔のローマの武勲の再現を確信し、スキピオ時代のポエニ戦争賛、[歌でも歌われる]「かつてローマがカルタゴを破って受けた」(C.B. Fisher)[*3]賛辞を自分たちも受けてしかるべきと考えたのだった。それから二〇〇年を経てペトラルカは『アフリカ』の執筆に着手したのだが、根本には「軽々で空虚この上ないガリア人」(G. Martellotti)[*4]ゴーティエ・ドゥ・シャティヨン(Gautier de Châtillon)の『アレクサンドロス大王』を学び舎から放逐しようとする文化的・愛国的な思い入れがあって、「民主制が確立し、文化の母体たる共和国ローマを共通の祖先として結束したイタリア人に向けた国家規模の叙事詩を書き上げる試み」だと心していたのである。再興した祖国の広場で王位に就く「ガリバルディ」はスキピオ・アフリカヌスを踏まえていよう。このスキピオは道徳的には非の打ち所がなく、血筋も正しく、カルタゴに歴史的な勝利をあげ、たちどころに元老院に権限を戻している(M. Feo)[*5]。しかし一三四七年、ペトラルカは一時的とはいえ、コーラ・ディ・リエンツォの栄光を讃美するべく、この詩を無きものとすることまで考えた。

〔一一、一二世紀の〕都市国家時代からペトラルカの成熟期にかけ、不純物が徐々に排除され、対象の輪郭を浮き彫りにする古典主義の小径が連関しあって、全面的に新しい時代のモデルが構築されてゆく。一二〇〇年代から一三〇〇年代にかけてのパドヴァ以上にこの展開が力強く鮮明に現れた所はなく、まことに熱気溢れるものだった。ジュゼッペ・ビラノヴィッチ[16]の指摘するところによれば、「一握りの公証人が文学の新しい文体はもとより、文明のスタイルまで立ち上げ、それが西洋世界を席巻し、我々はずっと遅まきながら、それを「ユマニスム」と呼ぶに至った」（同著者の諸文献参照）。一二八三年に、刮目さるべき年代の（実際には西暦以降のものだったのだが）美しい棺が発見された時、ロヴァト・ロヴァティ[17]は、これをパドヴァ市を興した〔ギリシャ〕神話上のトロイア人アンテーノールの棺に違いないと鑑定し、それに似合う墓碑を清浄な場所に建てた。墓碑の文句はウェルギリウスとオウィディウスを彷彿とさせ、ティトゥス・リウィウスの木霊が忍び寄るようなものだ。これだけの力量をもって詩句を轟かせる逸材は類稀としなくてはならない。ヴェローナ大聖堂、〔フェラーラ近郊のベネディクト会の〕ポンポーザ修道院、それ以外の場合もありえようが、ロヴァトはルクレティウス、ティブルス（Albius Tibullus）、マルティアリス（Marcus Valerius Martialis）など、当時にあっては入手至難で、再び人目に触れるようになるのに何世紀もかかるような作品群に目を通している。そうした著作に触れることで、パドヴァの裁判官〔ロヴァト〕の、まだ生硬さが残る詩文に釉薬がかけられることとなった。なかでも愛着をいだかせ、その博識からしてとりわけロヴァトの関心を引いたのは、〔ティトゥス・リウィウスの〕『ローマ建国史』（*Ab Urbe condita*）だった。〔パドヴァの〕聖女ジュスティーナの墓地で「T・リウィウス」の名が記された墓碑が見つかった折、その貴重この上ない墓碑は同郷の士の最高の栄誉を受けるに値するとして、ロヴァトの食堂の鐘が［祝意を表すべく］打ち鳴らされたのも当然至極だった。数十年後に教皇たちがアヴィニョンをヨーロッパ文化の十字路とした頃［一四世紀のいわゆるフランス・アヴィニョン教皇庁時代］、ペトラルカはロヴァトの残した業績を駆使して、リウィウスの真の「校訂版」の準備を進めていた。さらに『ローマ建国史』からは『アフリカ』の六歩格形式［ラテン語による叙事詩の形式］に関わる決定的な情報やインスピレーション、［同じくペトラルカの］『名士列伝』(*De viris illustribus*)にある明晰な箇所でも［『ローマ建国史』に］負うところがあり、共に政治的願望や思い入れの面で後押しを受けている。

［古典］ラテン文学でこの上なく見事に描き出された共和政体や、その社会にあって活躍する文筆家像は、一二〇〇年代の都市国家(comuni)から見ると、とりわけ魅力的に映ったに相違ない。貴族階級との確執を越えて市民生活に幅広く参画できたり、経済的、知的に上の階層が相応の力を発揮できる機会が提供されたりしていたからだ。またカトー［・ケンソリウス］や［マルクス・ユニウス・］ブルトゥスに慣れ親しむことで、次第に古典の文学形式が好まれるようになっていった。一三一五年、ロヴァトの友人で彼の精神を継承したアルベルティーノ・ムサート(Albertino Mussato = Albertinus Mussatus)の［ラテン語による悲劇］『エケリニス』(*Ecerinis*)が公の場で読み上げられると聴衆は歓喜し、有力者たちは月桂樹、蔦、銀梅花をあしらった冠を贈呈して讃えたが、賞賛された第一の理由がこの作品に込められた政治的な内容性にあることは確かで、パドヴァの暴君エッゼリーノ・ダ・ロマーノ(Ezzelino da Romano)が倒れる内容が、ずっと近場の敵たるヴェローナ人のカングランデ・デッラ・スカーラ(Cangrande della Scala)の敗北を予見させるものだったからだ。ただし［韻律の］弱強三歩格を思わせる

品格に魅せられたのも間違いない。大多数の人はそれを十分理解するに至らなかったとはいえ、あの威厳を漂わせる韻文の高らかな響きは、町の重大事を伝えるのに、うってつけと思われたに相違ない。その後、詩人および歴史家としてムサートが桂冠詩人の称号(ペトラルカとて自分の栄誉に、これ以外の肩書を願うことはなかった)を得るに至って町全体が沸き返ったが、式典は古式豊かに(moribus antiquis)執り行われ、民間行事に考古学と文学とを盛り込んだ感のあるものだった。同時代への意識と郷土愛が、次第に古典の色で染められていったのである。

他方、『エケリニス』が学校で講読され、作品の悲惨な結末を予見させる「カングランデ・デッラ・スカーラ……の乱で」(per seditionem ... Cani Grandi de la Scala)、[パドヴァ地方の]モンセリチェ(Monselice)が主人公の手に落ちるところで評釈を中断してしまう文法教師がわずかながらいたという。教育上の配慮から、そのようにもっていくのは十分に考えられるところだ。豊かな都市国家社会は教育の必要性を大いに推奨し、一三〇〇年代になるとイタリア北部と中部に初等教育校が数多く開校された。こうした学校の普及は、初等教育全般を請け負う文法教師の増員を不可避的に意味した。中世にあって、文法教師は言葉の指導をするにとどまらず、古典時代に慣例となっていた「作家評釈」(*enarratio auctorum*)、つまり講読と評釈に一層力を入れるようになった。ただパドヴァのような空気にあっては、よりよい教育、文法教師の増員や講読と言った時、使用テクストはいよいよもって古典に向かうことを意味した。実際のところ、一三〇〇年代の[本来]凡庸な教師たちが、質の高い文学の写本をどれほど多く渉猟していたかを知るや、驚嘆せざるをえない。また一二六〇年代に[シエーナの都市国家の一つ]コッレ・ディ・ヴァル・デルザ(Colle di Val d'Elsa)で特段の野心を持たぬ教師ノフリオ・ディ・シエーナ(Nofrio di Siena)がウェルギリウス、ルカヌスをはじめとする数多くの超一流作家たちを論じていたほどだ。

このようにして考古学、文学そして市民生活が徐々に連動し、しだいに密度の濃い古典の雰囲気が形成され、その中でいよいよ古典主義の組織図が覆いかぶさるように描かれ、「果敢な新世界」(brave new world)全体を提示する古来の緯度と経度の線が引かれていった。かくして一三七一年の都市国家ルッカの宣誓「文法の学はあらゆる徳と学の源にして基盤なり[原文ラテン語]」(P.F. Grendler)[*6]にうかがえるように、「制度化」されるまでに至ったのだった。これにより「自由学芸は文法から」という学校での常套句が、はるかに豊穣な意味合いを掌握し、壮大な野心となったのである。

スコラ哲学の伝統に従って詩が「すべての教えの中で一番低い」(infima inter omnes doctrinas.『神学大全』I. i. 9)と考え続けていた人たちに抗して、パドヴァが『エケリニス』で提示した主張は以上のようなもので、ムサートは肝心の聖書に多くの詩文、寓話、象徴が込められ、神話の衣を纏った古代の詩人たちが神の世界に関わる真理を教えたものであることを明示した。詩は「今一つの……神学」(altera ... theologia)であるばかりではなく、尽きぬ柔軟性を持つものであることを付け加えることも忘れなかった。

恐ろしの詩神は汝を畏怖せしめ　Nunc tibi quo metuas fert horrida Musa timores,
甘美な言葉をあやつり汝を慰め　nunc lenis placidis mulcet tua pectora verbis,
倫理、医術、真の科学に化身し　Ethica nunc, nunc Physis erit, nunc vera Mathesis;

冥府と三途の川とに誓いを立て　　Cociti nigramque Stygem iuratque videtque,
瞬く間に天空に舞いのぼりゆく　　surgit ad empyreum nunc velocissima caelum.

詩を知らず必要ともせず、ウェルギリウス、エンニウス(Quintus Ennius)、ホメロスを無きものとするのが許されぬのは、以上がゆえである。

かような作者に哲学者は支えられ　　Philosophi sua dicta probant auctoribus illis,
法律、芸術、自然の謎に挑む者も　　iuristae, artistae scrutatoresque latentis
詩神なくば　いかなる術も能わず　　naturae, et nostra non ars vacat ulla Camoena;
教会とて詩文を引きて歌い讃える　　adde quod et nostris decantat Ecclesia metris.

（一六三六年刊のムサートによる書簡）

まだ未成熟の段階だったとはいえ、ムサートは文学的ユマニスム観、「雄弁術」をあらゆる意識の源泉に据えると共に、それを足場に据えたユマニスムの概念を先取りしていたことになる。その思い入れはペトラルカに勝るとも劣らなかった。

アオニウスの心なくば人の口は黙し　　Ora forent quasi muta hominum si spiritus orbi
徳に輝きありとも知られざるに然り　　deforet Aonius, virtus ignota lateret,

ラテン語を礎とすることなかりせば
おしなべて知への思いは眠りに落つ
そは香りいと高き芸術の座位にあり
遠きかなたより太古の時を伝え来て
われらが時代を行く末に伝えゆかん

in se clara licet, studiorumque impetus omnis
torperet, lingue nam fundamenta latine
nulla forent, quibus egregie stant sedibus artes,
in quibus omne procul vobis ostenditur evum
nostraque venturis longum servabitur etas.

（ペトラルカ『韻律書簡』*Epistolae metricae*）

これらの詩文に込められた熱っぽさを見逃してはならない。ユマニストたちにとって、文学の核にあるのは知の条理だけでなく、むしろそれに先んじて、個人が美学レベルで実体験をすることだった。というのもフマニタス研究の基盤には、古典時代が達成したものへの厳密な意味での享楽的憧憬があるからだ。それは芸術作品としての古代、自己完結的な一種の美に対する無償にして自由闊達な熱意、究極的には芸術を享受すること以外は求めるものなしとする立場だ。

学校の教材にあくびを繰り返す少年時代、ペトラルカはひたすらキケロの高品位の詩文を耽読して、それに目覚めた。生まれながらの本能でそうなったのか、それとも父親が導いたからなのかを自問していた。公証人セル・ペトラッコ［ペトラルカの父親］がムサートと隔絶していなかったことを勘案しておくのは必要だが、それ以上に我々としては「自然の本能」(nature instinctus)のほうに注意を向けるほうが重要だ。というのもペトラルカの述懐するところによれば、その頃「なにも理解できなかったが、［文学］テクスト内の言葉の格別な優しさと響きに、すっかり虜になってしまい、それ以外の文章を読んでも粗雑で調子外れにしか思えなかった［原文ラテン語］」（『老年書簡』）とある。ペトラルカ、コーラ・ディ・リエンツォ、ロヴァト・ロヴァティが、そうした芸術家としての情熱をもって心を打ち震わせなかったとしたら、決してユマニスムは存在するに至らなかったことだろう。

第3章

構想——揺るぎない読みが開く扉

『ラテン雅語論』冒頭で、新しい挑戦への意気込みを高らかに唱えているのが耳に残っている状態で、最初のほうの章を読み始めた人からすると、「奪格の複数形が -abus で終わる名詞について」、「-atio で終わる動詞について」、「ludicrum なる語について」などを目にして愕然となろう……。これでは「こんなものだったの?」と言われてしまうやもしれない。新しいローマを再建しようという石材が、こんな重箱の隅をつつく文法事項でしかなかったのか? 『雅語論』では語形成に関する簡素なデータ、接続詞の用法や類語の意味合いの相違などが、さして整理されることもなく分類されているのだが、こんなものが「皆のために役立つ」というのだろうか? ガリア人に対して「このいと気高く美しい戦い」(honestissimum pulcherrimumque certamen)に挑むなどと言っておきながら、suus は常に sui に差し替えられるか否か程度でしかなかったのか?

ほどなく『雅語論』は教場に持ち込まれ、ficus の格変化から pluit の用法に至るまで、以来一世紀以上にわたって、多くの議論が何百ページも費やして論じられることとなった。[18] 他方、［ヴェローナに生まれフェラーラで他界した］グアリーノ・ヴェロネーゼの生徒たちは一四〇〇年代の中頃、繁栄したフェラーラの町では、ヴァッラの方向に大局で沿いつつ、そうした諸問題に対応してゆくことが自分たちの成長につながるとみていた。ユマニスムのもっとも傑出した教師グアリーノは、なぜmichiではなくmihiと発音されなくてはいけないのか、timorとmetusにはどんな違いがあるのか、事と次第によってcanereが「褒める」になったり「占う」の意味になったりするのは何故か、などの説明に粉骨砕身した。また教材で言及される歴史、地理もしくは神話のごく些細なことであっても、ここぞとばかり細々した情報を援用しながら古典著述家を説き、課題ごとに適材適所の修辞を用いて詳述することで学生が慣れ親しめるよう配慮し、大作家の言説を諳んじさせもした。彼の薫陶を受けておけば、形のうえではアウグストゥスの時代に引けを取らないほど、ラテン語の習熟が確約された。

グアリーノはそうした教育を施すことをもって、はじめて公私共に有為な人材を養成できることを一再ならず繰り返した。「個人、家、社会を問わず芸術、教育、規律が我々を導き、秩序と啓発に思いを馳せ、それを実現するにまさる素晴らしいことがあろうか?」(R. Sabbadini)*7。ボローニャの行政長官ジャン・ニコラ・サレルノ(Gian Nicola Salerno)は裁判官、弁舌家、軍人として一四一九年の暴動を鎮圧するのに成功しているが、学校で詩神たちに親しんだ経験が、そのためにどれほど役立ったかしれないという(Guarino Veronese 書簡)。

しかしまさに現実次元の問題として、教育方針に自信満々だったグアリーノの学院で実践されたような教育で、それほど斬新な人間、何事においても範とされるような個人や市民を育成することができたか否かを問い直すことも必要だ。ヴァッラは『雅語論』をもって、文明全体、絵画から法律、宗教に至るまでを、より効果的に再興させることができるとしたが、それにいかほどの根拠があったか問いただすことと同義だ。フマニタス研究をひたすら拠り所に達成したと豪語する大きな収穫と、グアリーノが提示して実践した文法や文学の仔細情報、ヴァッラがつまびらかにした言語の精妙な細目との間に、どれだけの相関があったというのか。そもそも相関があったとしての話だが。「芸術におけるスタンダードから生活のスタンダード」(from 'standards in arts' to 'standards of living')(A. Grafton, L. Jardine)[*8]への移行は、いかになされたというのか？

その答えは一筋縄で行くようなものでも、わずか数行で片づけられるものでもない。ともかくヴァッラの力説する『雅語論』の「雅」(elegantia)は、我々が軽々に気安く使う「エレガンス」とは趣を異にすることに注意しておこう。『ヘレンニウス宛弁論書』(*Rhetorica ad Herennium*, IV, xii)の定義によれば、それは冠絶した言語(latinitas)に似合い、弁舌が「平明で分かりやすく」、「濁りもなく」(claritas)、「適材適所の言葉遣い」(usitatis verbis et propriis)をもってそれぞれの命題が「純粋かつ鮮明」(pure et aperte)に表出する特性、ほどの意となる。ヴァッラはヴァッラなりに、自分が心酔するクインティリアヌス[19]に従って、言語はひたすらその実際運用を規範とするのでなくてはならないと強調する。「言語の一番確かな師は慣例的な用法である」(『弁論家の教育』*Institutio oratoria*, I, vi, 3)、よって単語の意味はその運用をもって決まる。

スコラ派はアリストテレスのギリシャ語にも、ラテン語(latinitas)の慣例用法にも従うこともなく、内輪の謎めいた言葉にみずからを置くことをもって現実から乖離し、眉唾な諸問題の迷宮に閉じこもった。中世形而上学がens なる語とその概念に、どれほど振り回されたことか。だがヴァッラはens が名詞ではなく分詞であることを宣し、独立した価値を付与したうえで用いることはできないとし

（もしくは「石がある」（lapis est ens）と言っても、せいぜい「石というものである」（lapis est ea res que est）、さもなくば「石はものである」（lapis est res）ほどにしかならない）、この難問に決着をつけた。つまり重要なのはensなる蜃気楼ではなく、resの事象を明証することだというのだ。日常会話の中で「樽がからっぽだ」と言う時、哲学者の「自然界に、空《から》なるものは存在しない」などという反論は愚の骨頂となる。意味は抽象的な「理」（ratio）にあるのではなく、誰それの声で発せられ、しかじか特定の状況における具体的な「話」（oratio）に存する。「庶民は哲学者より話し上手だ」（ヴァッラ『弁証と哲学再論』*Repastinatio dialectice et philosophie*）。*9

こうして見てくると、『雅語論』にある文法上の考察で、ヴァッラがあれほどまでに高望みしたのも驚くに足りない。現実を回復させる、文化の真に人間的次元、万人に通じる次元を奪回するのが主眼である以上、その第一歩は［ナタリア・ギンズブルグの小説タイトルにある］「家族の会話」（les mots de la tribu）を治癒し、現実の言葉を救出することから始めなくてはならない。ヴァッラの視点からすれば、言語、文化そして社会は不可分となる。「おしなべて言語は、民間の意思疎通の基盤となっているがゆえに、声を大にして言われて然るべき「政治的」な取り決めなのだ」（S.I. Camporeale 他）。*10 言語の規範として「慣例」を第一とすることと、明快さを要求することは、生活の中で生き、社会の中で作用し、現実を照らさんとする公共の善としての知の理念に対応する。

どのように使われるかを言語の規範に立てるのは賢明と思われるものの、用法といってもいかなる用法、誰の用法を指すのか？　ヴァッラに言わせれば、スコラ学の知的感性や専門に走りすぎた用法は、出発点からして間違っている。当時［古典語に対して］俗語を文化全体の絆と見るには至っておらず、まさに万人のための知という視点から、どうしても普遍性と多様性の双方を吸い上げるものでなくてはならなかった。そこで畢竟唯一の方法は、民間意識に馴染んでいて具体性に富む言い回しを得意とした(ラテン語が抽象性と馴染むことは決してなかった)、ローマの偉大な文学に見られる用例を掘り起こして選別し、そうした用法を課してゆくことだった。人間を特徴づける言葉と言語芸術こそ、まさにフマニタス(humanitas)の核心をなすと考えられたからだ。

しかしユマニストが対峙したローマは、文学と遺跡の双方共に、劣化の状態にあった。写本形式で千年かけて伝わってきた古典作家を復元しようとしたヴァッラの様子を見ると、彼はテクスト校訂をもって、古代文明を理解するだけでなく、熟成した状態に戻すことが必須と捉えていたのが分かる。書物を十全たる形に正すことは「国で最高の著述家」(L. Valla『解毒論』*Antidotum in Facium*)を復権させることを意味した。それはたとえば「詩人で公証人の」ベンヴェヌート・カンペザーニ(Benvenuto Campesani)が一三〇〇年代にヴェローナのカトゥルス([Gaius Valerius] Catullus)を「遠く離れていたが国に戻し」て「蘇生させた」(resurrectio)(G. Billanovich 他)[*11]と言って歓喜したという少々大人げないものではなく、ヴァッラは本来の文化の広い枠組みに戻すことを自分の職務としたかったのである。別の箇所で、この緻密な作業を、年数や偶然が重なって「色彩や線」(colores ac lineamenta)が失われてしまった絵画を修復する者のそれになぞらえている。ヴァッラはこうした状況をしかとわきまえ、ペトラルカ、グアリーノ、レオナルド・ブルーニ、ポッジョ(Poggio)、バルトロメオ・ファチオ(Bartolomeo Facio)と同じように競って「リウィウスの」『ローマ建国史』を校訂していたこともあり、リウィウスが habuit tres, dis trahendo または vas iis erat と書いたのに、転写される際になぜ habuit res, distrahendo または vasis erat と誤記された（S. Rizzo）[*12]のかを即座に見抜き、誰よりもそれを的確に説明することができたのだった。

長きにわたる経験から、ユマニストが昔の識者の手稿を手にすることが、どれほど意義深かったかは、強調しても強調しきれない。ヤーコプ・ブルクハルト[20]は「人間の発見」に多くのページを費やしたが、それはレミジオ・サバディーニ（Remigio Sabbadini）の基本文献の一つ「ラテン・ギリシャの写本の発見」（le scoperte dei codici latini e greci）と、意味するところは多分に同じだった。石の下からであれルクレティウス、ウァレリウス・フラックス（Valerio Flaco）、マニリウス（[Marcus] Manilio）を掘り起こしたポッジョ・ブラッチョリーニ[21]の偉業は讃えられてしかるべきで、当該資料を活用したい者や活用できる者にとって、こうした発見はペトラルカ（貢献の内実で彼を凌ぐ者は皆無）の時代、あるいは先んじてロヴァット・ロヴァティの時代以降、わずかな年数ながら、客観知識を驚異的なまでに増大させたのだった。

かくしてポッジョにとっては、『弁論家の教育』（*Institutio oratoria*）のテクスト全文に出会うことは、北方［スイス］のひどい地下［ザンクト・ガレン修道院］に封印されてズタズタになり、今や人間の名残りさえ見せないほどにまでなってしまっていたクインティリアヌスを救出するのに匹敵するほどのことだった。「そう、彼は死刑囚のように沈んでみすぼらしく、髭ぼうぼうで髪は汚れ放題、顔つきや身なりを見ると不当な判決を下された人のようだった。助けを請い、苦渋に耐え、不当な裁判から自由にしてもらえるよう手を伸ばして、さながら昔のローマ人に救いを求めているかのようだった。他ならぬ自分は他者に手を貸す、また弁術の力をもって多くの人を助けてきたというのに、今や自分の不幸に同情して擁護してくれる人、救おうと尽力する人、自分が不当な責め苦にあって引きずられてゆくのをなんとかしようとする人もいなかった」（『一四〇〇年代のラテン散文集』他）。他方、ヴァッラの発想では、手稿を探したり次々に原文に目を通したりするのは、自分とは違い、無尽の優れた「才知」(ingenium)と「薫陶」(doctrina)と「弁術」(eloquentia)とを欠いた連中のやることで、そのため、かくかくしかじかの箇所を正すと言いながら、ただの推測が別の推測を呼んでしまうことが少なくないとした。「正しい読みは一つしかない」(cum verus [locus] nisi unus esse non possit)との立場で、その唯一の形をすくい上げることに徹底的にこだわったのがヴァッラだった（『解毒論』）。*13

犬猿の仲だったヴァッラとポッジョの発想回路が異なっていたとはいえ、数多くの写本に当たることで新しい感性のもと、新しい地平を開いてゆくことができるとみた点では一致していた。ポッジョは（ペトラルカ風に見事に色づけされていたが）、ユマニストにとっての古典作家は、スコラ学のように顔も時間も持たぬ「絶対者」(auctoritates)ではなく、各人固有の履歴と歴史とを背負い、厳粛な意味で個別の熱情、理解そして生きざまを抱え、それにより、読んだり評釈したりする著述家も異なってくるとの視座に立っていることが分かる。ヴァッラの視点から我々が気づかされるのは、彼がただ一つ有効な版を打ち立てようとするといっても、それはこの博識者の頑迷さを示すのではなく、個人としてまさにこれぞというテクスト、固有の思想や感性を明証し、「唯一無二の」人間が範を示しながら歩んだ足跡を味読せんとする思いがあったことだ。

実際のところ写本講読、テクスト校訂、文献学は、ユマニストに人間の多様性と各人の特異性への意識を、これまで以上に強いものにした。優れた手稿を発掘し、韻文一行の正しい読みに落着することは、原著者に己れの言葉をもって唯一無二の個性を表現させようとする行為であり、自分もそれに倣うべく拍車をかけられていることを意味する。「模倣」(imitatio)するべし、古典モデルに続くべしとの至高の掟があろうと、有能なユマニストたる者で自分なりの声を模索しなかった者は一人としていなかった。肝心の「模倣」には「張り合うこと」(aemulatio)と見做される側面もあり、模倣される原著者は、その性向、独創性を今までよりはっきり認識される対象として眺められる。ペトラルカは「自分は師たちの小径を辿ろう」と言明したが、「だが他人の足跡を追うばかりではない。他人が書いたものをこっそりと剽窃するのではなく、許可を得るようなかたちを取る、そしてできることなら、自分がすでに書いたものを用いたい。反復ではなく類似がよい(「類似性……同一に非ず」similitudo…non identitas)。さらにその類似も服従的なものではなく、闇雲に追従したり、こちらの力不足を暴露したりするのではなく、きらりと才能が光るようなものであること」。そして「キケロから目を逸らす」ことが片時もなかったパオロ・コルテジに向かって、ポリツィアーノは次のような発破をかけている。「君にいよいよ決断して欲しいと願っている。よく言われるように、浮き輪なしで泳ぐ、思い切って自力でやってみることを」(『親近書簡集』他参照)。[22]

数ページ前に触れた問題に立ち返ってみよう。文明全体への壮大な夢が、構文上の些細なこと、二重母音の正字法、誤植修正とどのように繋がるのか？『雅語論』、グアリーノの講義、無数の「リウィウス補正」(emendationes in Livium)のいずれを見ても、そこで具体的に論じられた各論を越える処方を提示してはいないのは確かだ。だが、そうした書物や作業の根底には、言語と文学の境界を取り払って、より広い領域に分け入ろうとする姿勢があった。

まず手始めに、［ユマニスムの］先駆者たちは遺跡、書籍、各種情報、それに自国への郷愁を混成させた統合的直感から、太古の世界に一つの全体モデルを予見した。それは実に幅広く有効なモデルで、総体的な復活を志向するものだった。他方、ユマニスムの言語論、教育論、原典批評は、辟易させられるのが必定の「本質特性論」(quidditates) や中世の究極本質論を出発点としながらも、現実に回帰しうる知を理想として想定していた。原理として作用し、いくばくかの規則、類比体系をもって作為的に導き出される「思弁文法」(grammatica speculativa) ではなく、すぐれた文筆家たちの実際の用例、すなわち個人的な達成によって整備された用例の集成だ。つまり理論ではなく、要は時の流れが肝要だ。

言語は社会の慣例を基盤とし、文学は個々人がそれなりに異なることを伝える。正鵠を得た推論、もしくはより精度の高い手稿にすることは、その個としての表現を立て直し、しかじかの誤謬が発生してしまった事情をつまびらかにする。［そのためには］原著者を理解することが要求されるわけだが、転写した人をも理解せねばならず、それぞれの理由と状況とが理解されなくてはならない。どんなに些細な事項であれ、中世の伝達段階で歪んでしまった箇所を正すことは、すべからく、ユマニスムの全行程を描くことになぞらえられるほどの作業だ。数点のテクストや残骸を目の前にして、傑出したものが見るも無残な状況にあることに、美学的視点から困惑した数人の手によって、すべてが始まったのである。そしてなんとかしようとする対応策として、古代文化の立て直しが提案された。まさに野蛮と形容される特定期に劣化した箇所がつまびらかにされ、正しい読みの復権をもって、模範的なものが一層豊潤なものとなって今日に回帰する。テクスト校訂の小さな作業を進めることが、歴史の流れを意識させる。

フマニタス研究が達成した無数の功績のなかで、概念上一番の基底にあるものを考えた時、こうした方向性があるのは確かだ。究極的に我々がユマニスムに負うているのは、我々の生き様が歴史にあることを知らしめてくれたこと、人間は歴史に生きる、つまり環境や経験の変動、相対性の中に生きるということだった。だが、そこから希望も生まれる。なぜかというと、現実と時間性に対するこうした視点は、本来的に行動プログラムに連なってゆくからだ。つまり生き方を変える可能性につながり、新しい洞察を広げる古代の文化を取り戻すことにつながり、テクストや文体を正すのと同じように、世界を正す可能性につながってゆく……。

かようなことを受け止めるユマニストも各様で、かのヴァッラはこれほど断定的な捉え方に至りはしなかった。しかしペトラルカ以降一世紀以上もの間、程度の差こそあれフマニタス研究で抜きん出た人材はおしなべて、一般人がふと思いを馳せるよりもずっと多くの扉を開ける鍵を見つけたことを身をもって確信した。言語と文学の諸問題、年代特定もしくは地理学上の諸問題を着実に解決できたこと、自分たちの解決や発見をもって多様な目的に資する新しい道が開けたことを意識し、大いに自信をつけ確信をいだくこととなった。テクストが次から次に見つかってゆくことで、古代に無限の源泉が眠っていることに心を躍らせてゆく。文献学上の達成は始まったばかりだが、確かな一歩を踏み入れたことで、全体に向けた自分たちの直感の正しさが確証されたのだった。彼らは創始者、探検家としての興奮と熱意に酔いしれ、自分たちの問題提起の素晴らしさや、自分たちが成果を収めた方法が他の分野に適用できることを示そうと懸命になった。問題提起はまさに時機を得てなされ、確かにその方法論も可能性を十分にはらんだものだった。だが、その熱意や興奮が一層加熱されることがなかったとしたなら、ほとんど、またはなんら益するところもなく終わっていたに相違ない。

第4章

生活様式——古《いにしえ》の覚醒と同時代の生き様

グアリーノの説くところによると、一四二二年、『義務について』(*De officiis*)に関する講座を開く時点でヴェローナの人々は、キケロを学ぶことで学習者は「誇りと享楽」(honorem ac iocunditatem)が、その友人や近親者は「益と喜び」(utilitatem laetitiamque)が供されると確信していた。グアリーノの講義の進め方を辿ると、原典の言葉遣いや固有の名辞への簡潔な注釈だけで、十分な成果が得られる所以が納得される。教育の場にあって実質的に必要とされるのは、提示する中身を強引に押しつけたり、微に入り細を穿つような説明をしたりすることではない。『雅語論』の序文に見られる戦闘への言及を範に取ると、軍隊の崇高な理念は抽象論を最小限にとどめ、長時間にわたって兵器を手にすることで初めて脳裏に焼きつけられるもので、日頃の教練で繰り返し耳にしてきた指令がまさしく時を得て奇跡を起こすことが多い。実際のところ芸術や学問は、必ずしも純粋知として伝授されるのではなく、生活様式、その場その場の生活様式の中で伝授される。一例を挙げると、酵素に並々ならぬ関心を持つ学生が生化学の専攻課程に進むこともあろうが、エコロジストのスローガンに引かれたり、実験室で長首フラスコに囲まれた白衣姿の自分を想像したりしただけで、その道に進む者が、数の上で必ずしも前者に劣ることはなかろう……。

ヴェローナの師［グァリーノ］のこうした姿勢を、内実を伴わないなどと見下してはなるまい。「フマニタス研究」を合言葉さながら唱え続けることで、方法論上の基盤を実質レベルで推し進めたばかりか、既存の教育の弊害を追いやる一大動因ともなった。しかしグァリーノの教えにある内容と究極的な目的との相関を考えるに、フェラーラの彼の学院では行儀や品位に満ちた所作なども学ばれていたことを忘れてはならない。クセノポンは狩猟が王族や騎士に有益で、なかんずく戦闘やその予行演習にもなることを認めていた。クインティリアヌスは舞踊を是とし、加えてカーニバルは神話に取材した仮装やラテン語詩を生むとし、現に詩作が実践された。ペトラルカの『吉凶両運の対処について』（*De remediis utriusque fortune*）は球技などというものは、シラクサの［僭主］ディオニュシオスのような暴君の慰みにしかならないと強く排撃したが、グァリーノからすると、アレクサンドロスやスカエウォラ（Gaius Mucius Escévola［Scaevola］）が称えている以上、それは理にかなったものだった。

つきるところ新参ユマニストは「文芸への愛」と「格調高い言葉遣い、品位が身についていて、立ち振る舞いが洗練されていること」とが統合されていなくてはならなかった（Guarino Veronese 書簡）。フィレンツェ一四〇〇年代初期のニコロ・ニコリ以上に、これを饒舌なまでに体現した者はいなかった。「彼のいでたちの美しさたるやこの上なく、明るく常に微笑みを絶やさず、話していてとても癒される。薔薇色がかった、床に届くほどの布地を常にまとっていた……食事にまつわることから、それこそ何から何に至るまで、まさに一点たりとも非の打ち所がなかった。年代物で実に美しい食器で食事をし、食卓には磁器その他の、いずれ劣らぬ見事な器が溢れていた。飲み物はガラスや薄い石材でできた盃で取った。彼がどっしり落ちついて食卓についている様は、まことに見栄えのするものだった［原文イタリア語］」(V. da Bisticci 他)[*14]。「フィレンツェにはラテン語の書籍が無数にあるが、それはみなニコロのおかげだ」とヴェスパジアーノ・ダ・ビスティッチ[23]は記している。しかしビスティッチが仮に本件に言及せず、これに類した情報が他になかったとしても、ニコリが新しい学問の旗手となり、別角度から見てもユマニスムがイタリアはおろか、イタリアを越えたあれほどの広域に伝わったのは得心の行くところとなろう。

ヴェスパジアーノの言うには「どっしり落ちつきはらって食卓についている」とのことだが、となると、食事の仕方までもがユマニスムだったというのか？　疑いの余地なく、然りだ。立派な食器で食事をできたのが限られた特権階級だったからでも、当時の［B. Platina による］必携料理書『誉れ高き喜びと健康』(*De honesta voluptate et valetudine*)を俎上に載せながら、ポンポニウス・レトゥス[24]の仲間たちがレバーの肉団子を賞味して、皿の食材がマルティアリスの言う「腸詰め」(tomacla)か否かを論じることができた(論議はローマのアカデミア内に収まらなかった)からだけでもなかった。ニコリのような著名市民の高邁な趣味と古典嗜好とが早くから結びつけられ、［前掲書の著者バルトロメオ・］プラティナ自身が書いているように[*15]、すぐれた知性の持ち主だけが「実に多彩で、時には相反するものを鋭く識別する。なんとも言いがたい独自の繊細さと鋭さを備え、飛び抜けた感性でものごとを把捉する」というのだ。

かくして食事作法は、娯楽、恋愛、戦闘、芸術もしくは文学と肩を並べるほどのものとなった。となると畢竟、文字、カロリング小文字体もしかりで、そこから派生した二種の文字が今日に伝わり、現につましく絶妙に生き続け、それはかたやポッジョ［・ブラッチョリーニ］の腐心のおかげでローマ字、かたやニコリに主導された斜字体として伝わったのだった。いずれにせよニコリは「古風で美しい文字」と「心地よい響き」(『アルベルティの天国』*Paradiso degli Alberti*)をもって書かれていない書物は唾棄すべきものとしていた。なぜなら総じてユマニスムとは、それなりのライフ・スタイルを持った文化の総体、表示体系の謂であり、まさに「人の志向するもの」(humanismo)、あらゆる状況についてまわる人間の知を指すからだ。その礎を築いた人物たちは、そこを目指し、おのれが峻拒する世界に全面的に取って代わるもの、無数の志向性、代替策の力を鮮明に提示しようとした。こうした動きの中で核心をなすテクストの一つは、「人間の文芸活動」(artes ad humanitatem)は屋内、広場、夜間、旅、屋外にあって悲喜こもごも我らとあり、「我らと共に夜を明かし、旅をし、田舎にあり」(キケロ『アルキアーズ弁護論』*Pro Archia*, VII, 16)としている。

当時よく論じられた今一つの知的趨勢も、実は同じような筋道を辿らなかったとみなすのは単純にすぎよう。スコラ学のことだが、実際のところ、スコラ学はユマニストたちが思うほど劣悪な化け物でも、役立たずの化石でも決してなく、社会・政治的な教義こそ違え、「思弁文法」(grammatica speculativa)(ヴァッラでさえそれと無縁ではなかった)から唯名論者たちの個の追求に至るまで、その論述と示唆するところは秀逸で、ユマニストたちと一致するところが少なからずあった。ただスコラ学は、その特性からして一つの学術パラダイムであって、好事家に見合ったり、日常生活に入り込めるものではなかった。ペトラルカは早くからスコラ学を辛辣に非難していたが、それは役立たずで実効性を持たない資料や思索の域を出なかったとしたからで、ペトラルカにとって知は「行為」(『吉凶両運の対処について』)に昇華されねばならないものだった。スコラ学が時として恋愛抒情詩に形而上学的な中身を供したり、特定の詩に力強さを補強したりすることが、あるにはあった。しかし「食卓の場」でニコリが「どっしり落ちつきはらって」いたのと同じように、「スコラ的」にしているなどということは、むろんありえぬ話だった。換言すれば大方にとって、スコラ学を生きざまの総体に結びつけることは思いもよらず、それはニコリが羨望する生きざまとは乖離したものだったのである。

「ニコロ・ニコリは大変な名家の血を引く、フィレンツェの出身だった。父親は商人で財力があった……ありあまるほどの遺産を相続するや、商いを放棄してラテン語の文献に腐心した……膨大な書籍を収集したが、それは遺産をそっくり投じて購入したものだった〔原文イタリア語〕」。要するに一三〇〇年代末に登場したニコリは、一四三四年のメディチ家の権力掌握(いくつかの点ではそれ以降まで)に至るまでフィレンツェの動静を左右する、絵に画いたような豪商ブルジョアだった。生まれながら、あるいは皇族や信頼を得た人物たちの庇護のもと地位を得た錚々たる特権階級の人材としては、コルッチョ・サルターティ、レオナルド・ブルーニ、ポッジョ、ジャンノッツォ・マネッティ[(25)]、マッテオ・パルミエリ、レオン・バティスタ・アルベルティ他がいて、彼らはユマニスムでももっとも傑出した人材とされる(L. Martines)[*16]。言い換えるなら、上昇気流に乗ったユマニスムの中にあっては、遺産を相続した人、自力で財力をつけた人、著名人といった、とりわけ羨望されるような人材の割合が際立って高かった。

ユマニスムはフィレンツェの内外を問わず、公国の貴族階級に属することを示し、取り引きの箔づけにまことに好都合で、自分の相応階層よりも一ランク上の生き方を示し、文化の総体、それも至極柔軟性に富むものだった。封建制下のヨーロッパでは、権力者がかようなものを享受することは、現実としてなかった。そのわけは味気のないスコラ学に自分たちはどう対処していいのか分からず、時に吟遊詩につきあうことはあったにせよ、俗語文学は彼らを満足させなかった。古典文学や昨今の作品をそれなりに受け入れたとはいえ、古代の歴史となると、それをそのまま自分の家系に連なるものとして解するのには、往々にして抵抗があった。

それに対してユマニスムは、実に多様な経験を広く提示し、最終的に思いを尽くす行動を取ることを形式上、「様式」としても閉じてしまうことをほとんどしなかった。事実、特定の行動を取ろうとする時、その是非のほどはともかく、昔から適材適所とみなす先例に事欠くことはまずなく、それはまさに数ページ前に言及した小さなこと、はたまたもっと深刻な問題の解決を目論む場面でも然りだった。

とにかくユマニスムは、いたく錯綜した領域、政治の難局にも対応し続けることができた。とりわけフィレンツェの上層部の人たちは共和国時代以来、自分たちが抱え込んだ難問を当意即妙、実に見事に正面から受け止めることができた。コルッチョ・サルターティやレオナルド・ブルーニの口から発せられる自由、均衡(aequabilitas)、カトー(26)の美徳、帝国以前にまで遡ったローマへの賛辞には、トマス・アクイナスやブルネット・ラティーニにまさるとも劣らぬほどの力強さがあった。なぜなら彼らは古代に向けて一層豊饒な視点に立ち、文化を生活に一層密着したもの、社会と必然的に錯綜する活動として見ることでより深みのある文化観を展開したからだ。「有力なる者は己れの権勢が、非力なる者は国家が守り、刑罰へのおののきが両者を牽制するという一種の平等が、それぞれ異なった社会階層から発生した……国家は弱者に立った法令をもって成る」と『フィレンツェ市讃頌』（*Laudatio Florentinae urbis*）がアルノ川流域での〔当時の〕現状を反映するかたちで〔ブルーニが〕声高に主張したのも故無しとしない。同じく「フィレンツェの人は自由をこよなく愛し、暴君を徹頭徹尾忌み嫌う」ことに、今さら判を押すまでもなかった。理由は「カエサル、アントニウス、ティベリウス、ネロといったような人物やペスト、国家崩壊が、今もって人から自由を奪っていない」（H. Baron 編）[*17]輝かしき時代のローマ人の直系だったからだ。だが、こうした発想や考察を、神話にすぎずと一蹴してはならない。時として神話が現実を創出することがあるからだ。

〔ミラノ公〕ガレアッツォ・マリーア・スフォルツァ（Galeazzo Maria Sforza）が一四七六年の聖ステファノの日〔一二月二六日〕に三人の若者に暗殺された際、公式説明によると彼ら謀反を起こした者たちは〔古代サッルスティウスの〕「カティリーナを学び」、「なんぴとも自由の叫びを上げるべし」との思いと、「古代ローマを範としたうえで祖国を解放」せんとの論拠しかもたなかった〔原文イタリア語〕（L. de' Medici 書簡）。その三人の「小僧」（pueri）の一人であるジロラモ・オルジアーティは拷問を受けた後、ラテン語によるエピグラムを残して息を引き取った。

千の重装歩兵とて　彼を打ち倒すこと敵わず
ついには　ただ一人の手をもて　打ち倒せり
倒れるにいたりて　数多の城、黄金、下僕も
役に立つこと　みじんもなきままに　果てり

Quem non armate potuerunt mille phalanges
sternere, privata ... dextra
concidit, atque illum minime iuvere cadentem
astantes famuli nec opes nec castra nec urbes.

残忍なる圧制を敷く者　逃れおおせる場なし

Unde patet saevo tutum nil esse tyranno...[*18]
(B. Corio)

これは、彼らがミラノ公の仰々しい行列が通るのを学校から眺めていた折に、恩師で扇動者でもあったユマニストのコラ・モンターノが吹き込んだものだ。エウジェニオ・ガレン(27)がいみじくも指摘するのだが、「幸い今日の歴史家は原因やきっかけを、仮面をかぶったブルトゥスや貴族階級の不満や大公への反感に求めるだけで是としない。謀反を起こさせる思想上の動機、その発想と力とを斟酌した部分を、きっちりと注視しなくてはならない。もはやそれは伝統として伝わってきた価値観ではなく、ローマ、ボローニャ、フィレンツェ、ミラノで展開していた古典の理念と規範だった」(E. Garin, *Umanisti artisti...*[*19])。

しかし通常、支配階級はこれほど極端な「模倣」に神経をとがらせる心配はなかった。サルターティが新しい識見を[ミラノ]市に持ち込んで熱狂的に受け入れられた当初から、それを鑑としたフィレンツェでは、どうやら別の展開が起こっていた。力のある者は従来の位置から動かずとも、フマニタス研究が政《まつりごと》と外交に資する道具になりえたのだ。一例を挙げるなら、コルッチオ[・サルターティ]の役目は基本的に「有力者たちの議論に形を整え、イデオロギー的な体裁をそれなりに整えてやること」(D. De Rosa[*20])で、『家政論』(*Economica*)の翻訳と「土地登記」(catasto)の制度化は、共にまさにレオナルド・ブルーニの手に託されたのだった。ユマニスムは危うい事態に即応できる古典をもって武装準備を整えていたのである。当のペトラルカのように、ユマニスト当人が整えた場合もあった。フィレンツェで『政治学』が共和派・民主派の双方で活用されたのに対し（土地柄から、集会で少数派が有力者の権勢を脅かすことは実際なかったし、小家族は増大してゆく地域債務をそれなりに負わなくてはならなかった）、ミラノで『国家』がラテン語に重訳されたかと思うと、プラトンを拠り所とする金権政治がジャン・ガレアッツォ・ヴィスコンティ[28]の政策と馴染んだり、貴族主義的なヴェネツィアにあっては『法律』に記載された各種決まりごとが、潟《ラグーン》の運河区域内だけのこととして勘案されれば可とされた。「ヴェネトの自由を初期段階で確立していった者たちはプラトンに触発されて己れの小径を導き出し、そこから考えを取り込むことで、大きな流れを作っていったのだが、そうすることで自分も他の誰もが、夢想だにしなかった国家が大きく花開いた」（J. Monfasani 編）[*21]のは否定しようがない。いささかの懸念が有力者の思いにあるとしたら、当のブルーニが「自分の手になる『政治学』の翻訳序文の中で、アリストテレスの主張するように「人に益する」には「市の行政」が必須としておいて、その訳書をアラゴン王国のアルフォンソ王に献本して、『政治学』は「国家を統治するのに資することまことに大［原文ラテン語］」（N. Rubinstein）[*22]と思われるなどとしている点だった。

有力者はユマニスムを取り入れることで、これといって失うものは皆無だったどころか、得るものが実に大だった。ユマニスムは他の何にもまして豊かで、幅広い理念のもとに視野を一挙に倍加してみせた（言うまでもなく、アーサー王やカロリング朝世界とは比べ物にならないほど豊穣にして、まったき世界）、それはいかなる事態にも十分対応できる視座であり、生きるスタイルを整え導き、娯楽や会話を品格のあるものにし、もはやただの市井人としてではなく、それなりのエリート層にあって際立つほどの、未だかつてない気品をもたらすものだった。斬新にして運用の幅も広く、自分に親しみやすく、快適な文化の宇宙だった……イタリア、さらにはヨーロッパ全体の上流社会が、これを喜々として迎え入れ、「品を高める」(ad usum Delphini)ものとして敷衍した。

こうした状況をアルフォンソ〔五世〕寛大王[29]以上に鮮明に見せた人物はいなかった。〔ティトゥス・〕リウィウスの一〇巻の書の朗読を聞いて恍惚とし、かくかくしかじかの一節にまつわる文献学上の議論に関心を懐いて古代への思いを馳せたなどというのは、そもそもどこから来るのか。スペインから取り込んだと結論づけるのは検証の余地なしとしない。なるほどラテン語を知らなかったわけではないが(一四一五年にはペルピニャンで、〔神聖ローマ帝国〕皇帝ジキスムントの通訳までこなしている)、原典よりも翻訳のお世話になっていて、いたくお気に入りだったセネカの著作よりも、彼には古代・近代の歴史書のほうが貴重だったに相違なく(双方の歴史をぜひ融合させたいとの思いがあった)、継承問題絡み等で、この類の論議をみずから長期間にわたって実体験している。アルフォンソ寛大王に関してパノルミータ[30]がまずもって記述している言行録(*dictum et factum*)によると、寛大王が助太刀無用と思われていたアンジューのジョヴァンナに手を貸そうと腐心した時の様子が描かれていて、王はヘラクレスに劣るまじと必死だった。それはまさに〔古来の伝説に触発された中世文学の〕「ローマの話材」(matière de Rome)に、当意即妙の対応をするようなものだった(A. Beccadelli, il Panormita)[*23]。博識をもって知られる、遠い祖先の同名アルフォンソ〔一〇世賢王〕によれば、セゴビアに水道橋が必要だったので、ヘラクレスの仲間でスペインの初代王ヒスパーン(Hispán)が建造したことになっていたが、実は傷みがひどく、太古の英雄に負けじと自分はそれを修復しただけだと言う。こちらのアルフォンソ寛大王の出発点も、異なるものではなかった。忘れられていた古い水道橋から侵入させた兵士がナポリを占拠して間もなく、千年前にベリサリウスが同じ町を占拠するのに同じ作戦を使ったことを伝える『イタリア対ゴートの戦闘』(*De bello italico adversus Gothos*)の断片がレオナルド・ブルーニから送られたのを、寛大王が狂喜したことは想像に難くない。そうした水道橋を経て、過去が自分の現在に流れてきたという次第だ。

ともかく国王が得心していたのは、「世界は大概において、外部の評価によって治められ」(J. Rubió i Balaguer)[*24]、当時一番の高「評価」は「フマニタス研究」の領域に由来するということだった。そのように感得した上で、自分の利となるべく舵取りをするのが肝要だった。もっと言うなら、もし実際問題として古典世界に自分が惹かれることがなかったとしたら、それはそれで自分に上に立つ才が生来備わっていた証しで、有力者たちにとって、ユマニスムは博識の集積にとどまらず、政治手腕、生活スタイルとなっていたことを雄弁に示すものだった。アルフォンソ王はアラゴン、それに加えてナポリで、自分の正統性に楯突くあらゆる対抗勢力、自分のことを「野蛮」、(マキャヴェッリの言う)「新参君主」(principe nuovo)とする輩を一蹴するだけの輝きを備えるのが不可欠で、そのために当時最高のユマニストたちで迎え撃つ作戦に出た。

彼がヴァッラやバルトロメオ・ファチオからマネッティやジョヴァンニ・ポンターノといった身近な協力者から、ピエール・カンディド・デチェンブリオ、ホルヘ・デ・トレビソンダ、フラヴィオ・ビオンドといった行きずりの陣容、はたまたなんとも鼻持ちならないフランチェスコ・フィレルフォにいたるまで、大変な寛容をもって接したことは、たちまち皆が口を揃える語り草となった。

今日我々が思うに、王がこれほどまでに寛大な振る舞いをした狙いはただ一つ、自分を目の敵にする各種文書、自分の来し方に関わる記述や論説に対する具体的な反証を掻き集めることだった。ヴァッラは法律、歴史、言語学の根拠を駆使して、コンスタンティヌス帝の「宣言」が眉唾であることを示しているが（*est* の代わりに中世の語形 *exstat* を用いたりしているコンスタンティヌス帝の資料を、どうして信用できるというのか）、これにより教皇庁側の領土策の「寄進」そのものの根拠が雲散し、新しい文化の旗印たる本書がまずもって、アルフォンソ王によって巧みに主導された「戦争行為」（acto de guerra）（M. Fois）と化していたことに我々は驚かされるのである。[*25] 王は［教皇］エウゲニウス四世がルネ・ダンジュー（René de Anjou）の軍事的支援を決めて以来、それこそ何年も長期にわたって教皇側と対立してきた。自由闊達な王は手っ取り早い成果を狙うことが多かったのは確かだが、同時にまるで急くことをしない場合もあった。［一五世紀、ギリシャ・ラテン語翻訳者として知られた］テオドロ・ガザの翻訳やジャンノッツォ・マネッティ（Giannozzo Manetti）の論考『人間の尊厳と優越について』（*De dignitate et excellentia hominis*）の献辞執筆の配列には、なんとも解せないものがあった。そもそもアルフォンソ王は、戦争は「名誉と評価」（decus et existimatio）、「尊厳と名声」（dignitas et fama）、「時には力よりも個人的信望によって勝利」（victoria enim nonnunquam fama magis quam viribus acquiritur）するものと見ていた（Panormita）。その信望をユマニスト経由で得ようとしたことからも、有力者の間でユマニスムを極めることが重視されていたことが知られる。

それは、そこに利害が絡み、文献学を越えた論争を誘発することになったからだ。一四四四年、コジモ・デ・メディチはアラゴンの男［アルフォンソ王］に『ローマ建国史』（*Ab Urbe condita*）の立派な写本を贈呈しているが、それの校訂はフィレンツェで早々に着手され、パノルミータとファチオをはじめアルフォンソ王の側近ユマニストたちが、王じきじきの注視のもとでテクスト校訂に当たっており、王は menia cepta か menia capta、はたまた Meniacepta の読みのいずれが正しいかにまでこだわっている。慧眼は他者の本領発揮の妨げになるとの理由から、ヴァッラはこの作業から外され、ほどなく王室お抱え学者どもがリウィウスの散文はおろか、「イタリア全土でこれ以上崇敬される人はいない」(Valla『解毒論』)国王の稀覯書を台無しにしているとヴァッラは逆告発したのだった。なかでもペトラルカの蔵書だったリウィウスの第三の書に[今度は]みずから手を入れ、それが別人のものとされてしまわないように、「L.V.」(ロレンツォ・ヴァッラ)の頭文字を刻し(G. Billanovich, *La tradizione...*)[*26]、そうした王室お抱えの学者たちを執拗なまでに排撃している。結果的に対立する一団は自棄を起こし、くだんの第三の書を没にして、ヴァッラの上記排撃を削除した勝手な写しに差し替えている。

　このエピソードは単なる逸話にとどまるものではなく、ユマニスムの趨勢について多くを物語る。文献学のそれなりに手堅い手法をもってなされたリウィウスの校訂版は、寛大王[アルフォンソ]の手前、別格扱いされ、勝者に格段の配慮がなされていた。ユマニスムは広いこと極まりなく、君主の武器となり、高尚な娯楽でもあった。ナポリの他の宮廷人を黙らせるべくヴァッラが用いた写本を元にペトラルカは愛国心に燃えて[ラテン語詩]『アフリカ』を夢想した……しかしペトラルカは後に、アルフォンソ寛大王が失墜させたもう一人の「寛大なる人物」ロベルト・デ・アンジュー[(31)]に作品『アフリカ』を捧げている。こうした背景には、ロヴァット・ロヴァティやアルベルティーノ・ムサート[(32)]のような逸材が『ローマ建国史』に心酔し、大いに民間受けしたことがあった。しかし一四五一年、コジモがアルフォンソ王に上述の写本を送って七年後、つまりヴァッラの『解毒論』がすでに教養人の間に拡散し、パノルミータやその関係者が『第三の書』のいまわしい「王の書」(codex regius)を放逐した後、パドヴァ審議委員会はベッカデリ直々の申し入れを飲んで、市がリウィウスの墓から掘り起こした最後の聖遺骨のかけらをアルフォンソ王に献呈している。それはこともあろうか右腕の一片だった(Billanovich 他)。[33] 都市国家で熱狂をもって生まれた文化が、権力者や王の時代に伝わる様を示す象徴的なできごととすることができる。*27

第5章

新世界への道──求められる視座

自分たちが新たに登場した素晴らしき救いの使者であることを意識し、文献学の更なる先を行くべく腐心していたイタリアのユマニストたちは、ヨーロッパ文化最強の牽引者でもあった。実際のところ一三〇〇年代末期から一五〇〇年代初頭にかけての西洋の知的世界にあって、イタリアのユマニスムから派生していない、もしくはその恩恵を受けることなくして重要かつ斬新なものはなく、ひいてはそれなくして決定的な方向転換はなかったと言ってよい。教会人たちがユマニストたちを見放した時点で、ユマニスムの輝きはすでにアルプス山系と地中海の枠組みを越えていた。他方、キリスト教世界の文化基盤は、実はユマニストたちのおかげで、すでに変容されたものにもなっていた。ロマン主義革命が起こるまで、この状態は少なからず維持されてゆく。然るに、その生き延びた余力も、ユマニスムの華々しき時代の残滓、前衛ユマニスムが最高に輝きを放った頃の、せめてもの慰みとして映ったかもしれない。

いずれにせよ、従来のフマニタス研究を続けるだけで事足りるものではないことは分かっていた。ペトラルカは人生の前半、四〇代もかなり進んだ頃まで古典に浸り、古典として非の打ち所のないラテン語作品の執筆に専念している。当初彼が願ったのは、まず文献学を自分のものにすることで優れた文学を生み、気高い愛国主義の視点を体現することだった。『ローマ建国史』を校訂し直すことでスキピオの人物像に迫り、『名士列伝』(*De viris illustribus*)の克明な伝記記述を経てリウィウスの研究に繋げ、『アエネーイス』の微に入り細を穿った注釈(見事な手稿が現在ミラノのアンブロジアーナ図書館蔵)は、ポエニ戦争を語る力強い叙事詩『アフリカ』執筆のための前哨戦にならなくてはならなかった。しかし熟考、経験そして齢を重ねることで、こうした視点も変わっていった。フランチェスコ[・ペトラルカ]は、『アフリカ』も『建国史』も当初の野心的なもくろみに応えることなく、ごく一部の人を満足させるだけの書でしかないことに思い至った。それどころか双方の書の根本にある古典の知識も、その有用性がしかと理解される体裁にはなっておらず、持ち腐れに終わるとの危惧があった。全般的にもっと体裁も内容も分かりやすくして、時代に即応させ、幅広い読者の需要に直結するものでなければならなかった。

ペトラルカの執筆姿勢が根本から変わった理由は、上記のような視点が熟成したことにある。理屈からするなら、ペトラルカが四〇歳以降完全に筆を折ったとしても、前期段階で彼が発掘して啓蒙したラテン語の文筆家たちを考えただけで、彼をユマニスムの創始者、ルネサンスの父と賞揚し続けることにはなったことだろう。事実、キケロからウィトルウィウスに至るそれら文筆家たちも、成熟したペトラルカが彼らをどのようにきっちりと読んで、活用するかを人々に教えてくれなかったら、あれほどまでに高く評価されるには到底行かなかったことだろう。かくして一三四一年に「偉大な詩人にして歴史家」(magnus poeta et historicus)の称号を受けたものの、一〇年も経たないうちに自分から申し出たのは「哲学者」(philosophus)という平易な肩書だった。若かりし頃の純粋でかたくなな古典主義は、今や「応用」古典主義に取って代わられ、『アフリカ』と『建国史』を未完成のままにして、ユマニスト[ペトラルカ]は、より順応性に富んで格式にとらわれぬ日常生活、政治絡みの事象、友情、倫理問題、知性に関わる大きな問題に取り組み、古代から伝えられてきたものが宗教教育に最適な人間文化であることを明かそうとしたのだった。

『親近書簡集』(*Familiares*)、とりわけ『老年書簡』(*Seniles*)に採録された散文書簡のように高密度で力の入ったものから、『吉凶両運の対処について』(*De remediis utriusque fortune*)のような粉飾を排除した対話にいたるまでテクストは実に多彩だが、究極として目指すところは常に同じだ。つまり内省に誘い、アリストテレス学派と論争を交え、文体論上の論証と年代考証をもって、カエサルとネロのものとされる勅許状が偽物であることを完膚無きまでに示すことから(事実ヴァッラは『老年書簡』(XVI, v)に依拠するかたちで、『コンスタンティヌスの寄進状偽作論』(*De falso credita et ementita Constantini donatione declamatio*)を書き進めた)、球技作法、さいころ遊びの負け方に関わることまで、ごく日常的で些細なことを俎上に載せ、フマニタス研究は「実践」(in actum)され「ずっと」(ad vitam)貫かれねばならないという(リコ『ペトラルカの生涯もしくは作品』*Vida u obra de Petrarca*, I)。

ペトラルカの辿った道は、次世紀全体をものの見事に先取りする指標となった。文学、言語学、歴史といったユマニスムの中枢が、他分野を取り込みながら発展し、他の識見との共生を探し求め、さらにそれを豊穣なものにしていったからだ。なかんずく「哲学者」ペトラルカは、古典人たちが精緻な配慮と弁舌をもって指し示した人間の特性「すべての人に共通するもの」(quid humanum omniumque gentium comune 以下、『老年書簡』(II, 1)を詳らかにすることを目指したのだった。ヴァッラが文献学上の「牙城」だったことはあらためて強調するまでもなく、彼は法学者「とは言わないまでも」(ut alia taceantur)(L. Cesarini Martinelli 他[*28])、「弁舌家」(orator)であることを自認していた。先に少しく見た〔『雅語論』の〕序文で、彼はローマの言語を復興させることは、あらゆる学術分野を正すことに連なることを説き、絵画、彫刻から建築に至るまで「文学と共に」再生するとした。

当のヴァッラが『雅語論』をもって、「高潔」(honestas)や「快楽」(voluptas)の意味を深化させて倫理体系を再考する、ひいては三位一体の神学にさえ適用しうるほど独創的かつ堅牢な論理体系を構築しようとしていたことは容易に理解できる。それと同時に、ヴァッラが「ガリア人」と真っ向から対立しながら、深く本質的なキリスト教を研ぎあげて、予定説の神秘への答えとして〔当人も言うように〕「哲学的訓戒」(praecepta philosophiae)ではなく、「愛」(*charitas*)をもってしたのも、我々としては納得の行くところだ。彼の古典への回帰が教父への回帰と軌を一にし、古典著作の校訂が新約聖書の校訂に向かわしめたのも、理にかなっていよう。それに比して、造形芸術の復活と、あらゆる知識の源と崇拝していたクインティリアヌスへの回帰とをヴァッラが結びつけた事情が何だったのかは、具体的に今ひとつ判然としない。というのも「神でもない限り——言うなればだが——決定的とも言える才能と弁舌を駆使して語ることができるのは、彼〔クインティリアヌス〕を置いてなかろう」(ヴァッラ前掲『弁証と哲学再論』)。

芸術家が文学の熱烈な読者でもある例は、さほど多くはない。事実、当時の人たちの場合、古典嗜好への当初の刺激は、遺跡や廃墟に関する書物に由来するものだった。〔彫刻家〕ニコラ・ピサーノは近隣墓地の石棺に刻まれた文字を読んだのが出発点だったし、ドナテッロやギベルティの場合には自分の収集コレクションが起点となった。彼らがそうしたものから学び伝えていったものは、力の入れ具合に差こそあれ、古代に回帰することで閉塞状況の今を変革する気運を盛り上げることにあったわけで、確かにこの点は重要だった。他方、見る側の目が考古学のレベルから大きく乖離しようと、古典素材が中世の造形美術から消えることはなかった。事実、一四四〇年頃のフィレンツェにあってさえ、主題を俗世界から援用した絵画は皆無だった。芸術が「文学と共に」再生するとヴァッラが力説する時、古代の形式やモチーフが渾然一体となると考えていたのではもちろんない。ただ相関性があったことは確かで、美学分野にあっては、異なる言語カテゴリーを個別化したうえで創造活動をしていった。なにがしかの応用を考えて『雅語論』を学ぼうとする者は誰かれを問わず、同書の価値評価をするにあたって、今までとは別の視座から通読する必要があった。例えば本書でdecus［誉］(honorificentia)とdecor［美］(quasi pulchritudo)、facies［体］(ad corpus)とvultus［霊］(ad animum refertur)、fingere［形体］(generale vocabulum)とeffingere［鋳型］(fingendo representare)の区別に慣れた者からすると、“vultus decorem effingere”のような言い回しは、新しい感性のなかで揉まれ、芸術に何を期待しうるかに関して新たな問題意識をもたない限り、生まれようがなかったのである。

　レオン・バティスタ・アルベルティ以上に、造形美術に言語と文学を持ち込んだ人物はいない。『雅語論』に五年先立つ一四三五年、『絵画論』(*De pictura*)で、絵画の構成は、全体的効果を視野に各々の平面と対象物が互いに連動しなくてはならないと、初めて説いたのは彼だった。私見ではこれは中世では考えられない発想で、当のアルベルティは古代にあってさえ、きちんと「それなりに構成された」作品は滅多にないことを指摘している。ところが彼が定義して説いた「構図」は、古代のそれ以外の何ものでもなかった。確かに絵画の「構図」は相互依存する諸要素の階層化を前提として、表層が各部位に融合し、各部位が形体を構成し、形体は「語り」(historia)、絵画のテーマの中で整えられてゆく(“Ex his [superficiebus] membra, ex membris corpora, ex illis historia”)。だがこうした見方は修辞学が説いてきた伝統を、「構図」の造形に移行させただけのものでしかない。単語が文になって、文が節を構成し、節が総体の中で和す。「コンマは単語の連結によってなり、コンマを配置することでコロンに、さらにコロンが配置されて総体になる」(“Ex coniunctione verborum comma, ex commate colon, ex colo periodos.” 聖イシドルス『語源論』II, 18)。アルベルティの論述を図像化し、それをマンテーニャ[34]が版画を介して紹介したことで、〔従来〕ユマニスムに大きく距離を置いていた画家たちまで、ルネサンス芸術最大の革新事項の一つを取り入れられるようになった。

『絵画論』に見られる「構図」は、修辞学で馴染んだ用語で構成される原理のヴァリエーションでしかない。つまり「均整」(concinnitas)の謂だ。「均整」とは、厳密規範と正確な「比率」(ratio)の上に立ち、諸々の部分が全体と絡んで「美」(pulchritudo)を醸し出す絶妙な調和だ(アルベルティ『建築論』)。数、リズム、割合をもってなされる均整は、自然が万物に作用する内在原理に対応する。その内在原理は人体にも花にもあり、耳は音楽のうちにそれを聞き取り、目は美しいものを見て反応するという具合、となればそうした原理は人の心にも存することになる。だが美学は倫理と連動する。そのわけは他分野にあっては、自然が「人間のまったき、かつ神聖なる掟」(アルベルティ『家政論』*De iciarchia*)となっているからだ。しかし人は頑ななまでに掟を破壊しようとし、自然が樹木と果実とを区別するや、交配や接ぎ木をもってそれを変容させる。自然が金を隠して宝石を拡散させると、人は地表を深く掘削したり、彼方遠方の国にそれを探し求めもする。「樅の木は海岸地帯から遠く離れたずっと高い山に逃げたのに、人は海でただ腐らせるべく、その木を引きずり下ろした。地下に眠る大理石を、人は聖堂の扉や我らの頭上に配した」(アルベルティ『テオゲニウス』*Theogenius*)。

自然を更地に変えようとする人の発想を排撃する人物が、建築論の書を名著とするのは筋違いに思えるかもしれない(V.P. Zubov のアルベルティ建築論)。しかし矛盾するように見えるとしたら、それは多彩を極め、相反しさえするイメージを見せる現実に向かうアルベルティの視野が広いことこの上なく、切り口が鋭く、洞察力があったからだ。私見に間違いなければ、その比類なく豊かなパースペクティブこそ、(アルベルティの)『建築論』(*De re aedificatoria.* 一四四三―五二年にわたって執筆された)が、初期ユマニスムの金字塔とされる所以だ。

レオン・バティスタ[・アルベルティ]の「建築」は単に家屋、宮殿や神殿を構想するにとどまらなかった。周囲に複雑に関わる人間行為すべてに及ぶ。つまりそれは必要とされるものに対する答え、社会を映す鏡として目指すものの表現であると同時に、自然への従属と変革の可能性(もしくは誘惑)のはざま、道徳と芸術のはざま、学問と政治のはざまに立って、人間の行為を変革するための第一の道具だった。アルベルティの[風刺劇]『モムス』(*Momus*)で描かれた動乱の世界で、ユーノーに発注を受けた凱旋門が崩壊するのを目の当たりにして、ユピテルは神々や人間に激昂の果てに世界の破壊を決めるが、ユピテルは再建する術を知らなかった。ユピテルが『建築論』を読んでいれば、こと足りたはずだったのだが。

実際のところ、『建築論』は都市の構想、この上なく包括的かつ明晰な意味での都市計画から地下水利用、海と湖の防波堤や仕切り、山の掘削、沼地の干拓もしくは河川の配置に至るまで網羅し、造船から武器製造、さらには「交通手段、水車、時計その他、あらゆる場で大事な働きをする小さな物」まで織り込み済みだ。アルベルティは「均整」を整えることに関して、哲学や数学的考察に狭く閉じこもることはなく、それこそ知的格づけの最上位にあり、優れた知識人の関わるべきものと考えていた。作品の脇に我が身を置き、素材に手を触れ、手触りを確認し、景観をおもんばかり、職人や労働者と対話し、値踏みし、持ち主、関係者や好事家たちと論を交わして、左官を叱責するかと思えば、顧客から譴責されもする……。

アルベルティはウィトルウィウス、プリニウス、その他一〇〇人からの著述家を勘案したのだが、じかにローマの建築物も精査し、近代の建築物も鋭意訪ね回って、ブルネレスキや無名の石職人たち、[教皇]ニコラウス五世、農民、トスカネリ、村の大工たちとも親しく交わった。すべての人から学び取った。万人に役立つものを供することを約した論考の対象たる建築は、その本来的な特性から、広範極まりなく複雑至極だった。彼は対象から予想外の事象を見つけ出し、それぞれに当意即妙な位置づけをはかっていった。しかも技術、美学、社会、経済の各方面から多角的に検討し、自分の読書体験や実体験と理論を究極まで尽くし、この上なく煩雑な実際上の工程に配慮しつつ多彩な協調をはかった。およそあらゆる条件、関心の枠の外にあった事態へも、それなりの配慮を惜しまなかった。その記述には建築のあらゆる事象、方向性のすべてが考慮され、それが互いに綾をなしている。

『建築論』が単なる「建築マニュアル」からも、抽象論を重ねた「建築理論」からも隔絶するのは、まさにこうした事情による。原文は明快にして的確、流れるが如き散文で綴られており、これはアルベルティ自身が文学趣味の書物に慣れ親しんで絶妙な細工をしたこと以上に、根を詰めた執筆作業の結果だったに相違ない。ウィトルウィウスの言説を「ラテン語ともギリシャ語ともつかない」と非難しながら、彼自身たとえば、言及しなくてはならない無数の物品、工具、手順の呼称に苦慮していることを強調し、「ものを説明し、呼び名をつけるのに、その度ごとに苦労が絶えなかった」(VI. 1)と言う。気鋭の職人で(早熟な)俗語擁護者のレオン・バティスタ[・アルベルティ]に言わせれば『建築論』を、日頃から自分が使い慣れたトスカナのイタリア語で書いたほうが手間もかからなかったに違いあるまい。ただしそれが頭をかすめたとしても、それこそ一瞬のことだったに違いない。これほど広範な問題を広く論じ、これほど多くの仮想読者に益することを考えれば、ラテン語以外には考えられず、このユマニストからすれば、論理的にそれ以外の言語はあり得なかったに違いないのである。

当然とはいえ、アルベルティは本書で古代に頻繁に遡及する。彼は自分の時代にあって活用しうるいかなることも見逃してなるものかと注意を怠らず、さながら「建築にまつわりうる」資料や遺跡をことごとく腑分けしたかのようで、ほんの僅かであれ活用しうる事項があれば、そこへの配慮を絶やさず、人名や事象記録しか残っていない場合には、自分なりの判断をもって壁や屋根の構築に挑んだ。ここで重要なのは、ありきたりの「教え」(exempla)や前例などから持ち込むのではなく、過去と現代を絶えず往還するなかで、各々の人名、記録、エピソードが、彼なりの緻密な考察を経たうえで全体に関わる論拠を成すことだった。しかし作品の一番奥に潜んだ古典素材が生きるのは、古代の人物にまつわる情報や見解、ひいてはその人物との絶え間なき対話ではなく、新しい局面に関わりうる古典人を対比させながら、それを展開してゆく柔軟な手腕においてだった。

言うなればこれは古典への本質的な「手順」であって、ギリシャとローマ以来の全遺産がもたらしてくれるすべての刺激への回答だった。建築家たる者が身につけねばならない膨大な専門知識に立って、フマニタス研究に専念してきたことを見せるには、次のようにするべしとアルベルティは説く。「最高の著作家に限ることをせず、自分が関わることについていくばくかであれ書き残した全著作家のものを読破、消化せぬうちは、十分な識見を得たなどとなんぴとも思うべからず」（『建築論』）。だが「すべての著作家」を読破するべしとするのは、すべてが補完しあって有機的な体系をなし、まさに追求される「均整」が相応の役割を果たすと考えたからだ。その見事な一大絵巻を指標とすることは、古代のすべての師が問うたあらゆる問題におのれの身を晒し、蓄積されてきた視点を求め、あらゆる篩にかけ、古典作家たちからユマニスムが一再ならず吸い上げたあらゆる意味合いと照合し、従来に増して包括的な理解を果たさんとすることの謂だった。

ところでレオン・アルベルティが『建築論』に至ったのは、古代の教えに魅了されたからだけでは決してなかった。建築たるものを、諸要素がきっちりと絡み合う総体として広く捉え、視野を徹底して彼方にまで広げ、すぐれて多角的な視野を組み込み、あれだけの多彩な人材を取り入れるにあたっては、古代の教えをユマニスムのプログラムに突き合わせて消化した結果だ。『建築論』は今日に至るまで近代建築の礎になっているが、それはフマニタス研究が単に諸々の論題の蓄積ではなく、同時に無数の道、多くの場合、千年以上も忘れられていた幾本もの小径を通して現実を詳らかにしようとする連関の構想だからだった。

「均整」の概念に到達したことと、(敢えて言うなら)建築なるものを発見したことは、ユマニスムのパラダイムが異分野での変革や革命さえ可能にする資質を有し、現にそれを決定づけた明白な証左だ。その拡散と多様性は一人アルベルティの名を思い起こすだけでこと足りるものだった。これ以上、この男に関する多言は無用だが、次の一点は明記しておこう。彼が果たしたすべて、その逐一に潜むユマニスムの土台を、偉大なアルベルティ一人、フマニタス研究の共鳴箱一つに帰することはできないとはいえ、その卓越した彼の個性による無限の成果も、ユマニスムの手ほどきと、その脈絡なくしては、これほどには波及しえなかったということだ。つまり次の点を意識し、はっきりとさせておかねばならない。ヴァッラの主張が正鵠を得ていたということ、『雅語論』を公刊した時点、そしてその後何年にもわたって、重大な課題に向けて古代人たちが新規の解法を示唆し、新しい方向性を暗示してくれたこと、ユマニストが古典言語・文学に勤しむことで、多岐多様なジャンルの展開に向けて真の原動力になったことだ。それだけではない。ギリシャ・ラテン世界は実効性のある役割を果たし、ユマニスムのパラダイムが豊穣であるばかりか、両者の世界が自分と共にあることを意識させ、さまざまな局面の渦中にある人にとって、両者を無視することはできなかったのである。

アルベルティに今一度戻って、彼の『ローマ市論』(*Descriptio urbis Romae*)とそれに連なる地図がどのように「均整」の概念と絡み、どのように図像的なパースペクティブが関連付けられるか、さらにまた、すべてが古代の学問と同じ土壌に根ざしているかを指摘する余裕は、今の筆者にはない。教育的配慮と知的必要性によって古今の人名や事象を、時間軸にとどめることなく、マヌエル・クリュソロラスとイアコポ・アンジェリの手で翻訳されたプトレマイオスの『地理学』を頂点とする集積、注釈、地図、新しい文献が加えられたことで、空間軸にも位置づける必要性が認識されるに至った、とするだけで事足りよう（この意識はアルベルティの『ローマ市論』でも脈打っている）。他方、一五世紀を通して交易上の野望、征服への夢想、手狭になったヨーロッパ拡大の必要性から、航海と発見の大事業が後押しされる。もとよりユマニストと船乗りとでは大海ほどの落差があったわけだが、その大海を越えて手を結ぶこととなったのである。とりわけイタリアとスペインでは早い時期から両者が手を組むことが多かったのだが、もっとも意義深かったのは、イベリア半島最大のユマニストと、当時最高の航海者でカスティーリャ王国に仕えていた聡明なジェノバ人に関わることだ。

一四八七年から一四九〇年の間に、アントニオ・デ・ネブリハ[35]は『地誌序説』（*Isagogicon cosmographiae*）を著して出版したが、これはプトレマイオスの地理学の方法を明晰に開示してみせたもので、古典の権威と確たる天文学と数学の基盤に立って、当時の航海者たちが目指すところと既得のものとを余すところなく勘案融合させたものだ。著者は本書をもって、古代人が残した空洞、なかんずく反対側の空洞半球を埋め、数年後には旧来の世界地図が大きく描き変えられるのを予見していた。「我らの時代の人間は勇猛果敢で、近々この地の正しい記述をもたらすだろう[原文ラテン語]」（Rico の論考 *Vestigia* 所収他）。ちょうどその頃、クリストバル・コロン[36]の最大とは言えないまでも主要関心事の一つは、ネブリハのような識者と渡り合える立ち位置に自分を置くことだった。ある日、海の男は自分の知識から、西回りでインディアスに到達できる可能性に着眼したが、スペイン、ポルトガル、イングランドの誰も、それに耳を貸すことはなかった。カトリック両王は「学識や教養ある人や船乗りたち」にその論拠を提示させることで、コロンに希望の光を戻した。船乗りたちには、実質的にはすべてが織り込み済みだった。そこからもう一歩先は「学識や教養ある人」たちを、そのレベルの言葉を駆使して説得することだった。

［コロン］提督が［ネブリハの］『地誌序説』を紐解いたか否かは不明だが、火急にそれを必要としていたのは間違いない。たとえ手にしたにせよ、自分が必要とした論拠が見つかる保証は必ずしもなかったはずだ。なぜならネブリハの資料や計算のほうが自分のよりも正確で、さしてコロンの計画を後押しするものではなかったはずだったからだ。だが『序説』に盛り込まれたことや情報資料は、彼が「学ある人」の向こうを張って自分の主張をするのに好都合で、ジェノバ人［コロン］が軽々に論じているわけではなく航海企画がより実現性のあるものであるのを示すことができた。ネブリハが忠実に開示したプトレマイオスの『地理学』の要は、既知の世界を緯度と経度との碁盤目をもって示し、距離を“mathematice”的に(つまり天文学の間尺に従って)示したことを想起するだけでよい。一四〇〇年代の海図といえば緯度や経度を示すこともなく、羅針盤とその延長線上にある羅針儀海図を使って方角を指し示すだけでしかなかった。だがインディアスに向けて出港したコロンは、『序説』の目するところを事前に体得し、昔からの船乗りたちの実践手法と研究者たちの新知見とを併用して、［コロンの航海日誌にあるように］「赤道の緯度と西方の経度を用いた……新しい航海図」を作ってゆくことを想定していた。

中世の海図がようやくプトレマイオスの地図と重ねられることになったのだった。ネブリハは同時代の航海者からじっと目を離さず、コロンにはネブリハの領域を管見しておく必要があった。単なる知的好奇からではなく、ネブリハの周辺で時代の大きな革新が起こっていて、そこに相対することで自分のわだかまりを、多少なりとも排除できることを知っていた。アルベルティのユピテル[37]が構築せんとしていた「新しい……世界」(novus ... mundus)への道行きだ。ヴァッラは紛れもなく正しかったのだ。

第６章 イタリアとヨーロッパの間——知的波動のうねり

ペトラルカ以降、初期ユマニストの生い立ちをみると、自分の子供に実入りのよい法学の道を辿らせようとする法律家を父親とする者が多い。一四〇〇年代半ばに弁護士がナポリを訪ねていたら、ユマニスムを修めたほうが輝かしい未来が約束されるのではと思ったかもしれない。パノルミータについて多少心得があるだけで事は足りた。この人物はパルマで皇帝から戴冠を受けたフィリッポ・マリーア・ヴィスコンティに仕えた宮廷詩人で、法外な収入を得て（一四五四年に一〇〇〇ドゥカート近く）、［アルフォンソ］寛大王にずっと師と仰がれており、「詩、弁論術、道徳哲学、兵法にも通暁して実直な［原文ラテン語］（J. Ruiz Calonja編）人物だった。[*29] ベッカデリ［＝パノルミータ］が歩んだ道は誰もが羨み、言うまでもなく彼は多くの人の羨望の的となったわけだが、これほどの高みに至らずとも、一定評価を得た「詩人と弁舌家」なら、役人、貴族や銀行家、教皇庁、高位聖職者などのポストに就ける可能性は多分にあった。『クリュシス』や『エウリアロとルクレティア』のような奔放な物語を展開してみせたアエネアス・シルウィウス・ピッコローミニがまさにこの道を地で行っている。ただ彼の場合には博識な歴史家、地誌学者、教育者で、一貫してすぐれた散文の達人でもあり、一四五八年、キリスト教世界は彼をピウス二世として迎え入れている。身分の高い人の中から信奉される者が台頭し、その信奉者が恵まれない人たちのモデルや後見人となっていくことで、労働市場が上向いてゆく、それが新しい文化だった。新しい文化は金回りをよくするだけでなく、人間関係や影響力でも好結果をもたらすようになる。階層間の障壁がそこそこ取り除かれ、昨今の人が俳優やスポーツ選手と交流を持つのと同じように、富豪が積極的に識者と交流するようになる。古典の素養をしっかり身につけて困る人は、一人としていなかった。司祭、医者、法律家には、名声と好機という見返りを伴う交友関係が供されることになった。

かくしてアルフォンソ［寛大王］の頃になると、多様な個人教育の分野を手始めに、ユマニスムが地方都市の学校から大学の文芸学部に至るまで、教育にしかと根を下ろしたのも故なしとしない。急ぎ強調しておくが、ユマニスム史にあって、恐らくはこれほど重要にして微妙な事象とみなせるものはない。なぜならすべての切り札を手にしたと思えた時点で、イタリアの当のユマニストたちは、新しい文明、自分たちが夢見た「よりよき時代」(meliora saecula. ペトラルカ『アフリカ』［(IX)から本書著者が両語を拾って繋げた言い回し］)の賭けから降板してしまった感があるからだ。

ヴァッラは一四五七年に他界する。その年の前後を概観すると、実際のところ勝利一色だった。ユマニスムは権力と財力の領域に分け入り、なかんずく教育の印籠まで受け取って、尊敬と名声とを手中にした。しかし、もちろん例外的に生き長らえたものもあったが、それ以降は弱体化し、数の上でも衰退の道を歩んで、「フマニタス研究」(studia humanitatis)をなくすことで、社会的に認知された教育も、もはや失せてしまう。立派な教育を受けて教養のある人とは、当時の中等教育で広がった程度でしかないユマニスムを身につけ、古典にある「かような隠喩の領域、かような象徴や思考の共通の場」として「自国文学ではかなわなかったさまざまな国や時代の枠組みを越え」(E.H. Gombrich)[*30]、まるで自分の領域内であるかのように闊歩できる人を指すようになった。ロレンツォ・ヴァッラのような勝利一色の人材のことを言っているのでは無論ない。ほとんどの場合、そこそこのユマニスト学生、敢えて言うなら高等学校程度の学生には、ラテン語をそこそこ操り(ギリシャ語は初歩、当時言われていた「設問」(erotimata)をこなす程度)、偉大な作家の作品(もしくは主要断片)に親しみ、本格派の専門家に及ばずとも古典世界を軽妙に行き来できることが求められた。古典韻律の詩脚を理解していて、キケロを深読みするよりも、［一五世紀イタリアでラテン語の同義表現を重視した］ステファノ・フィエスキ(Stefano Fieschi = Fliscus)に習って「神は我らを助け給う」(Deus nos adiuvet)の文に一二のヴァリエーションをつけるのに多くの時間を割き、自分の考えを表明するのに品格を失ってはならないことをわきまえていることが肝要とされた。それ以来というもの、「創意」、「配置」、「言葉遣い」への配慮がつきまとい、古典世界を話題にする際には、延々と粉飾した上で語られるようになった。つまるところ学習や読書は、人やテクストにとくと深入りした上での抽象論ではなく、人徳にまつわる課題を志向し、知は近過去に比して輝きを放ち、揺るがぬ希望に繋がるとの感覚を抱かせるものとなった。

無い物ねだりは禁物だ。教育にはそれなりの凡庸さがつきもので、「雄弁術、詩それと文法学」(P.F. Grendler [*6])を修めたと言っても先に略述した程度でしかなく、教場から出てきたばかりの新参ユマニストは、所詮は覚束ない足取りでしかなかった。いずれにせよ、教育基盤として学生の平均的な知のレベルをその程度まで持って行けたとしたら、それはそれで、すでに一定の成功とみなすこともできよう。否、広い目で見れば、結果的にそうだったどころか、おそらくは大成功だったとさえ結論づけられもする。ただ別の事実も押さえておかなくてはならない。新しい文化が折しも学校に入り込んで、広くイタリア社会全体にしかと根を下ろそうとした頃、ユマニスムの一番枢軸となってそれを発展させてきた人物たちは、自分の殻に戻ってしまって、「別の時代」(alterum aevum.『アフリカ』(IX)参照)に光を照射するべく蓄えてきたはずの気力を、どうやら失い始めていたことだ。

それまで最高のユマニストたるは第一級の文献学者、古典世界に通じた専門家であり、古典に始まって哲学から政治学、地理学から宗教学に至るまで、異なる領域に入り込んで、それを深く根源からさえ変容させようとする人の謂だった。本物の「博識」(eruditio)とは「文芸と諸学とを結ぶ」(litterarum peritiam cum rerum scientia coniungit)(H. Baron 編「ブルーニ論」[*31])ことだとレオナルド・ブルーニは声を大にした。皆がその考えに同調し、あらゆる方面への適用を試み、あれこれの関心事に対応させて、実践レベルで成果をともなわない主張の場合には、それを蔑んだ。ユマニストからすれば知は必然的に動を伴い、個人生活を満たしたうえで公的な生活に反映される。動をもって示すことは、ユマニスムを原点から支える修辞の概念に即したものだった。というのも修辞学者の弁論(eloquentia)は第一義的に説得術であり、対話法であり、みずから「ポリス」に登場することだからだ。また視点をずらしてみると、行動は古代の全面復権という野心的な企画が生まれた環境に呼応したものだった。そればかりか、先駆者が抱いた信念によって喚起され、厳密には文芸の領域外のものであっても、刷新要因としての古典文芸の可能性が必然のように示された。

文献学の枢軸からまさに飛び出さんとするその衝動、世界を征服せんとの勢いも、一四〇〇年代から「世紀末」(fin de siècle)に近づくにつれて希薄になってゆく。これはさして驚くにあたらない。先進的発想はおのずと燃え尽きる、または既成の文化に溶解してゆくことを宿命とする。学び舎を通して広められたユマニスムは、程なく印刷術が伝わったこともあり、それまでごく限られた人のものだった知識や技術が、それなりに一般化することを意味した。これら貴重な宝を追い求めていた少数者は、こうした拡散が始まったことにより、自分の目ざすものが霧消し、夢と現実との間尺の隔たりに目覚めることとなった。自分を突き動かしていた発想は今や言わずもがなとなって、根幹となる原理が常套句として繰り返されるようになることで、次第に求心力を失っていった。着手していた仕事もさほど魅力的でなくなったり、まるで無味乾燥になったりすることも一再ならずあった。なるほどたとえば入門書や概論の必要性はあった。けれどもヴァッラが初心者向けの書籍執筆に手を染めるようなことがあるだろうか？　アルフォンソ寛大王のために、文法の「韻律記」(*opus metricum*)の執筆に着手したのは確かだが、それが誰のための書であるかを百も承知のまま、数ページで筆を折ってしまった。ユマニスムの有名な文法シリーズのためにニコロ・ペロッティが『文法入門』(*Rudimenta*)を担当したことに、ヴァッラはあまり好感をいだかなかったはずだ。こうした状況下にあっては、古代世界の真の百科事典といって過言ではないジョヴァンニ・トルテッリ(Giovanni Tortelli)の記念碑的著作『正書法』(*Orthographia*)に「ラテン語語彙について」を添えたことを好ましいと思うわけにはいかなかった(M. Regoliosi)。*32

他方、フマニタス学習が学校教育で広く普及するや、一般人からすると、その先陣を切ってきた人物は、もはや未来志向の素晴らしい企画を立てて偉業を果たす格別な知識人ではなくなり、若者を啓発する学識と意欲に程度の差こそあれ、凡庸な教師と映ってしまうようになる。経歴や目指すところが異なろうが、所詮はありきたりの「文法屋」になり下がる。一般人が目にするのは知れたレベルの凡庸な人材ばかりで、その人の役割を無視したりはせずに褒めそやしこそすれ、所詮さして惹きつけるところなき教師に変わりはない。ユートピアを思わせる地平でマンネリ教育が続き、新しいことへの挑戦、大いなる期待を前に、教育の限界と無残な実情とが立ちはだかる。

上位に来る「学識者」(litterati)、なかでも大学での花形的な存在が、ユマニスム稼業に精出すだけの人との格差を鮮明にしようと腐心したことは容易に理解できる。アリオスト[38]はそういう輩をひっくるめて男色呼ばわりして排撃し、下位の者を「文法家でユマニスト」(『風刺』*Satire*)と呼び、下位から上位まで彼らのランクづけをしている。けれども一四九二年、ポリツィアーノは初等教育、小学校の教育に(in ludum trivialem)携わる人が「文法家」(grammatici)と呼ばれ、ほんの手ほどきをする域を出ない「文法屋」(grammatistae)教師が、優れた人に使われてしかるべき肩書を使い続けていることに義憤を示した(『女妖術師《ラミア》』)。ましてや当時もっと上位の段階では何をか言わんやで、大学内でフマニタス研究(humanitas または umanità[*33]、古来の文法、修辞、詩、歴史それと道徳哲学の五教科を一絡げにした呼称)(P.O. Kristeller, *Studies in...*)の教授を指してユマニストなる語が日頃から用いられ、後に二義的に「必ずしも教授ではなくても古典を学ぶ人」(A. Campana)[*34]のことを、そのように呼ぶようになった。何をか言わんやの感ありと言ったのは、(ジュリストやアーティストのような類型区分に合わせた)この語は、出どころが怪しく下品とされ、一四〇〇年代初期のユマニストなら決して用いるはずがなく、その後もほとんど使われなかったからだ。学校教育、大学入学前の段階では、「フマニタス研究」(studia humanitatis)は平凡化し、その結果ユマニストという語は下品で否定的ニュアンスのある語に落ちぶれ、「侮蔑を込めて」(per contemptum)さえ使われたのだった(F. Paolini)。*35

当然ながら、アルプスの向こう側の状況は異なっていた。イタリアで次第に冷めてきた熱が、半島の外にあっては熱く迎えられることが多くなり、ユマニスムにはその斬新さもあり、文化モデル、否、それ以上に生き方のモデルとして惹きつけるものがあった。異邦人で多少なりとも感性と好奇の心を持つ人の場合、フィレンツェ、ローマあるいはフェラーラを後にする時に、ほとんど立ちくらみを覚えるほどだったのは察するに余りある。書店主ヴェスパジアーノ・ダ・ビスティッチの得意客を数人考えただけで事足りる。たとえばイングランド王から教皇庁に代表派遣された通称アンドレア・オルス(Andrea Ols)、つまりアンドリュー・ホールズ(Andrew Holes)はサンタ・マリア・デル・フィオーレ大聖堂の目と鼻の先で、「イギリス風の生活様式」(il modo di vivere secondo gli inghilesi)を「イタリア風の」(alla 'taliana)慣習に差し替えて二年近くを過ごしたが、あまりに大量の書籍を発注しすぎて、帰国時には陸路持ち帰ることができず、船で搬送しなければならなかった。またコルドバ出身のヌニョ・デ・グスマン(Nuño de Guzmán)は一四三九年、聖地からブルゴーニュに至る大旅行の後にフィレンツェに長期滞在しており、そこでは「彼一流の」(l'usanza sua)時間潰しをするべくジャンノッツォ・マネッティやレオナルド・ブルーニや「当地のあらゆる文人」と歓談し、ラテン語から「トスカナ語に何冊もの書籍」(infiniti volumi di libri nella lingua toscana)を翻訳させている。さらにはハンガリーのカロチャ大司教のヨーゼフ・ホスノスは「イタリアかぶれ」(ch'era 'talianato)になって手稿を買うのに大金をつぎ込み、フィレンツェの司祭が彼に二〇〇ドゥカートを貸さねばならなかったほどで、これは「フィレンツェが親切な人や善人にこと欠くことはなかった」(Firenze non era privata di uomini grati e dabene)証左だ。

時にやりくりに多少窮することがあったとはいえ、ヨーゼフ・ホスノス、ヌニョ・デ・グスマン、アンドリュー・ホールズ他の外国人には、財力や影響力のある高位聖職者、貴族、高級官僚がついていて、[書店主の]ヴェスパジアーノ・ダ・ビスティッチの世話になっていた。イタリアにあった胎動をどれだけ消化できたかは二の次として、興味と敬意を示すことで、異国でのフマニタス研究を大いに支えたのだ。というのも一三〇〇年代も終盤に入ると、ユマニスムによって見直された並々ならぬ古典、当のユマニストたちのかなりの著作が[広く]ヨーロッパに拡散するようになる。そうした著作が市場に出回ると、書店と懇意にしている人は、書籍の中身や趣旨の如何を問わず、少なくとも自分に関心ある表題を徐々に手繰りよせてゆく。フマニタス研究は万人のために、およそあらゆる領域を用意していた。だが、そうした書籍一冊、あるいは多くを駆使したからといって、文化の進む方向を左右するまでには至らなかった。イタリアから搬入したての資料、情報、言説はほとんどの場合、吟味されずに受け入れられるばかりで、根幹をなす知的体系が移植されなかったわけで、吟味を怠るどころか対極の立場からとり入れられることもあった。そんなところから一五世紀全体を通して、ピエール・フラメンク(Pierre Flamenc)のような人物が[ペトラルカの]『吉凶両運の対処について』(*De remediis*)から、禁欲を旨とした「力」(virtus)に関する長文賛辞を援用し[*36]、それを当のペトラルカが徹底して峻拒した教会法「聖なる法学」(sacra legalis sciencia)(N. Mann)賛に転用したのを見つけたとしても、取り立てて不思議なことではない。大局的に見れば、グアリーノやヴァッラに心酔した某修道院の聖職者や某大学の教授が、ボローニャやローマから帰還したのと大同小異でしかなかったのである。肥料をやらない荒れ地にあっては、種もまばらにしか花を咲かせず、色鮮やかな茂みや、生い茂った庭園など望むべくもなかった。

とはいえ広範囲に及びながら三世紀以上にわたり［アナール学派の言う］「長期持続」(longue durée) したユマニスムの一大勝利を今一度強調しておかねばならず、それがヨーロッパのエリート（経済的に恵まれなかった人の参画もあった）、近代史を創出したすべての立役者を輩出する教育基盤を作ったということだ。言うまでもないが、そうした土台作りは、権力という道具を駆使できる人があって初めて可能だ。一つ一つの都市や地方を取り上げながら事情や年代を例証する余裕は、今ない。しかし荒削りに言って、ユマニスムがイタリアの外で実を結んだのは、リウィウスやキケロが外の読者の手に渡ったからでもなければ（手に渡ったのは確かだが）、優秀な人材が次々に取り込んで時流に乗せたからでもなく（恐らくはそこに至らず）、相当数の寛大なる支援者を［ユマニスムが］取り込んだからだった。こういう人たちが牽引してお膳立てをし、ユマニストたちの提案を実現するのに必要な手順、長期的に社会貢献する組織を提供し、専門家が作業の連続性、一貫性、計画性を確保する大枠を構築したのだった。

一握りの専門家が集まったからといって、文化になるものではない。今日、優秀な古典研究者は世界の専門家たちから高く評価され、珍重されてはいる。だが自国の初等教育や中等教育機関の管理担当者が、そうした研究者に声をかけて耳を傾けないかぎりは元の木阿弥だ。さまざまな成果の理論集成としてのユマニスムは、後に［ドイツの］「古代学」(Altertumswissenschaft)と理念上は合流するが、教育革命のようなもの、なかんずくヨーロッパ文明の革命のごときものとは趣を異にする。その本来的特性からして、［ユマニスムは］「支配階層」(establishment)、貴族階級の後押しを得たことが決定的だった。その支援がなかったとしたら、ユマニスムは不本意にも別種の思想学派、真に公共に根を下ろすことのない一つの知的趨勢で終わったことだろう。だからといって上からの決定事項として、やみくもに押しつけられた革命だったかのように考えてはならない。規律であれ、ましてや真実に根ざした一つの文化、自己完結的な純粋知は圧力で生まれるようなものではなく、生活様式、行動の各局面、社会の構成要素として関心を集め、有益とみなされることで生まれる。有力者の間で、「人を志向した」(ad humanitatem)文芸にそれなりの場があるとするなら、その文芸を学ぶ者にとっても、それなりの場があって然るべきだ。マルクス主義者たちは(マルクスがそうだったかは関知しないが)支配文化は支配層の文化なりとした。カトリック女王イサベルがラテン語を学ぶ気になった時、ファン・デ・ルセーナ(Juan de Lucena)はもっと気の利いた言い方をしている。「良い悪いは別、両陛下がなさるなら我らはこぞってそれに向けて進み……王が賭け事をなされば、我らは揃って賭け事師、王妃が学ばれるとあれば、我らは学生になりまする」。

ナポリからミラノに至るイタリア人などを見てみると、王侯、貴族、有力者たちにとって、高貴な生活を送るにはユマニスムを身につけることが必須で、それによって好感をもって見られるようになっていったのは理解にかたくない。階級意識として、「時流に乗っている」(à la page)、流行遅れにならないことがなによりも肝心だった。中世貴族は年代記を好み、［トマス・アクイナスの］「君主の統治について」(*de regimine principum*)系の各種読み物に細心の注意を向けた。そうしたものが自分の家系と権勢とを示すと理解していたからだ。その意味では歴史関連に限らず、ユマニストたちの業績のかなりの部分が矛盾することなく自分たちに重なってくるのだった。つまるところユマニストは一貫して後ろ盾になってくれる人の理解と齟齬してはならなかった。レオナルド・ブルーニは庶民の視点に立ったうえで、次のような賛辞をトスカナ語で声高に言う。「おしなべて人が実践するもので……昔の人が「軍事専科」と呼んだ武力以上に重く、かつ高く評価されるものはない。人がなす他の全分野で、この崇高にして輝ける職務に優るものなし。科学、文学、雄弁術のいずれをもってしても、武術と肩を並べることはできない……」(L. Gualdo Rosa)。[*37] とは言うものの、ブルーニの『軍隊考』(*De militia*)は、中世で通常用いられていた「騎士道論」の意味と解されることも、おさえておかねばならない。というのも従来より「軍務」(*miles*)に就き、騎士の上位階層に属することは文芸愛好家の最大の誇りで、アルフォンソ寛大王や［イギリス王室の］グロスター公のような人がその好例と言えるからだ。

初期段階では有力者たちの括弧付き「ユマニスム」は、「騎士道」(cavalaria)と「公的執務」(regiment de la cosa pública)(Rico, "Petrarca y el 'humanismo catalán'" より)を気にしながら古典著作を眺める程度で、古典愛好といっても、それは稀覯書、書籍収集、学芸の段階にとどまった。それ自体は軽々で皮相的なものでしかなかったが、啓蒙という決定的な効果はあった。そしてハンガリーの優れた大司教で尚書局長だったヤーノシュ・ヴィテーシュ(János Vitéz［一四七二年没］)は「素晴らしい図書室を整備させ、あらゆる分野の蔵書を入れるべく、美本で傷みがない本であれば、金に糸目をつけずにイタリア内外で探させ、入手不能な多くの書を筆写させた……自腹を切って大勢の若者をイタリアに送り込んで学ばせ、書籍、金銭さらに必要とされるもの一切合切を提供して、ラテン文学だけでなくギリシャ文学にも精通させようとした。なかでもグアリーノの薫陶を受けさせるべく、ペーチュ（= Cincoiglesias）の司教ヤヌスをフェラーラに派遣したのだが、この司教はギリシャ語とラテン語に精通し、韻文であれ散文であれ、実に見事な文章を書いてみせた」。そして事実、ヤヌス・パンノニウス（Jano Pannonio）の名で詩人として大成した。「ヤヌスはそれに満足することなく、ブダ〔ドナウ川西側〕に立派な大学を創設し、給料も精一杯張り込み、イタリアで最もすぐれた学者を招聘し、あたう限りを伝授させようとした。芸に秀でた人材すべて……画家、彫刻家、建具屋に声をかけたが、それは過去から現在に至るまで、暗澹たる状況にあった祖国の水準を極力あげるためだった」（V. da Bisticci）。[*38]

　同じ状況は幾度となく繰り返される。「識者」（dotti uomini）、ユマニスムの教師は、至上の気品と洗練とをイタリアから伝える存在だった。〔ドイツの〕コンラート・ケルティスは、ザクセン選帝侯フリードリヒが詩人、弁舌家、ロマンス語学者から占星術師、音楽家、画家に至るまで宮廷に召集したということで、彼に賛辞を送っている。メンドサ枢機卿は〔イタリアに留学していた〕アントニオ・デ・ネブリハを支援し、立派な蔵書や見事なメダル類を収集した。さらには甥のテンディーリャ伯爵〔ペドロ・ゴンサレス・デ・メンドサ〕の協力を得た上でのことだろうが、バリャドリードのサンタ・クルス宮を「古風な建造」にすることにした。こうしたことは同一線上にあり、伯爵が〔イタリア出身でスペイン宮廷に通じた〕ピエトロ・マルティーレ・ダンギエーラ[39]を同行させてローマから帰国したのにも、それなりの理由があった。〔フランス中部の〕アンボアーズでシャルル八世にイタリアから連れて来られた人材には、ユマニストはもとより建築家、リンネル生地業者、オウム調教師までいた。

こうした後ろ盾となった人たちの名前を見れば、まさにユマニスムがアルプス越えをして拡散していった状況がしかと理解される。覚束ない状況にあった教育を新進学者に一任し、それをもって権力側はユマニスムに連動する社会の高評価を、他領域に波及させていったのである。サラマンカ出身のハコボ・プブリシオ(Jacobo Publicio = Jacobus Publicius)はフィレンツェ出身を装って一四六七年にライプツィヒ大学、それと数年前後してルーヴァン、エアフルト、ウイーン、またはクラクフに赴き、数行の「お知らせ」(intimatio)を掲示し、薄給で教室か「適当な部屋で」(in loco proprie habitacionis)自分が「詩、雄弁術」(poeticam oratoriamque artem)を講じることで、学生を凡庸な「ヒト」(homines)からいっぱしの「人物」(viri)にしてみせるとしたが(A. Sottili, *Giacomo Publicio...*)[*39]、こうしたことも遠い昔の話となっていった。半世紀もすると、プブリシオが訪ねたすべての町に、パトロン、時には出世を果たした者のお気に入りとなって、実入りもよく優遇される教授職が設けられた。上げ膳据え膳とまではいかず、「不信心な区域にあっては」(in partibus infidelium)ユマニストに敵対する者が多く、厳しい戦いを乗り越えねばならなかった。しかし効果が確実視されるものを装備し、己れを駆り立てるものを信じていたが故に、ユマニストたちはその挑戦にひるむことがなかった。いずれにせよ、フマニタス研究と有力者たちが手を組むことで、戦いは半ば自分たちの勝利となっていたのだ。

第７章

文献学《フィロロジー》――本義こそ真義

一四〇〇年代終盤になると、イタリアでユマニスムを多少蔑むようになるのは避けられなかった。氷山の一角をなしていたもの、飛び抜けて際立っていたものが、今や日常の平々凡々たるものとして大海に浮遊するかのように見えたからだ。よって大物が預言者や宣教師の役を放棄して孤高たらんとしたのも、これまた避けられなかった。本来の役割がかなり不鮮明になったことで、遥か遠方の地平との縁を断って自分の専門に閉じこもろうとしたのである。キケロやウェルギリウス、『ヘレンニウス宛弁論書』(*Rhetorica ad Herennium*)、『弁論家の教育』(*Institutio oratoria*)がどの学校でも読めるようになり、どこの書店でも二束三文で買うことができる時代にあっては、すぐれたユマニストはより高次のものに目を向けるしかなかった。一世紀をかけた発見、試行錯誤、そして征服が、新たな資料、今まで見られなかった展望を見せる文献学上の手法をもたらした。なかでもギリシャ語とギリシャ文学が次第に脚光を浴びることで、その研究分野が一挙に拡大する。今まで知られることのなかった深遠な世界が見えてくるようになったのに加え、ギリシャ語は多くの源泉に関わる問題に光を照射し、不鮮明な箇所を明らかにして語彙を十全たるものにするという、まさに決定的に「別の声」(altera vox)となった(V. Fera)。*40

しかしギリシャ研究をもって開示された空間の核心部は科学分野で、ヒッポクラテスからテオフラストゥス、ガレーノスからアリストテレスの自然学の諸論だった。言語そのものの研究が下火になって、原典にこだわるより、関心が主題そのものに移行するや、こうした専門分野の一連の著作が表舞台に出てくる。ビザンチンから入ったギリシャ語学者たちが己れの優越性を標榜したり、ポリツィアーノやエルモラオ・バルバロのような人物が自己批判も辞さずに現況に抗したりもして、先駆者たちが万能薬であるかのように追い求めたローマの言葉の神話〔ラテン語〕は次第に影が希薄になって、当初のユマニスムの夢がそがれていった。

学校教育にフマニタス研究が根をおろした直後の約二〇年間、印刷術が定着するや、専門的な必須項目が新たに生まれる。なかでも古来より伝わる晦渋な秀作の、微に入り細を穿つ評釈がそれだった。スタティウスの〔即興詩集〕『選集』(*Silvas*)、オウィディウスの『祭暦』(*Fastos*)あるいはプリニウスの『自然誌』、各種隠喩や言及の多いテクストなどは、田舎の「文法屋」にとても及ぶものではなかった。この分野の発展は、益するところが大だった。そうした細大漏らさぬ注釈は学生も出版社も大歓迎で、それにつれて教師の名声や収入も上がった。だが苦労をしたほどには、満足の行くものではなかった。学識者にしてみれば刮目すべき業績が、学生や凡庸教師たちのどうでもいいレベルの詮索や些末事項の陰に隠れてしまったからだ。一歩前進させる手立てがあるにはあった。「専門家に分かりきっていて、無知なる者に斬新と思われる事項に関しては、むやみに御託を並べない。難解箇所と見られる基準を思いきり絞り、理解さるべき要所だけを並べる。それを読解や果敢な挑戦の指標とする」(C.

Dionisotti)。[41]

フィリッポ・ベロアルド(40)やマルコ・アントニオ・サベリコといった、ほんのわずかだけ先行する人物がいたにはいたが、アンジェロ・ポリツィアーノの第一『雑纂』(*Miscellanea*)[42]こそ、その第一歩を決定的、そしてものの見事に踏み出すものだった。これは第二『雑纂』で引き継がれるはずだったが、著者の他界(一四九四年)によって、半分を少し越えたところで未完に終わった。数行または数ページに見られる転写の際の誤読、語彙の取り違え、見逃された隠喩や典拠、文学史上の問題、また専門家として文体的に首を傾げざるをえないような箇所があった場合には、そここそ「理解さるべき要所」であって、彼の人一倍すぐれた慧眼、とりわけギリシャ語に関しては当時まったく他を寄せつけない驚異的な博識をもって、そうした要所を解きほぐしていったのだった。「まさに長期にわたる研鑽の極みであり、そのおかげでユマニスムの波動は新規の印刷産業を盛り立て、法律家や哲学者や医者の向こうを張るほどの特権階級として同時代に生きる権利を付与された。教育や修辞の職務ではなくユマニスムの手法をもって古代の遺産を伝えるのを一手に請け負うものとして立ち上がった」(C. Dionisotti)。しかし『雑纂』をもって頂点を極め、他の追随を許さない領域を得たと見るや、イタリア・ユマニスムの伝統は教育、専門職の殻に閉じこもり、公共の喧騒を回避することになる。「こうしたものを我々は議場や法廷のために整備したわけでは決してなく、室内もしくは学校のためだ」(nos ista certe non foro et curiae, sed cubiculo et scholae paravimus...)。

ポリツィアーノの名を孤高だとか、自己沈潜といった概念と結びつけるのはどうかと思われる。ユマニスムは彼以上に開かれた精神を知らなかったし、あれほど鮮烈な感性は類稀だ。ただ彼の計り知れない好奇心は、ひたすら文献学に仕えるべくしてあり、それを越えたところで自分の考えを表明するのは稀でしかなかった。『雑纂』を紐解くと、詩人の説明に着手したり、ラテン語世界に与せん、(［ポリツィアーノが言う］「ラテン語問題に資するべく」(rem iuvare Latinam, I, 4))とする者は、まずもって哲学、法律、医学、弁論術、つまるところ、およそあらゆる知識に親しむことが前提だと力説されている。［ヴァッラの］『雅語論』の導入部ではラテン語習得が「学識者に」(ad omnem sapientiam)至る唯一の道であると強調されていた。両者は言い方が異なるだけで同じ主張をしているように見えるかもしれない。だが厳密には異なり、ラテン語から識者に向かうか、すべての学芸からラテン語へ向かうかで、ポリツィアーノとヴァッラの方向は正反対だった。ヴァッラには様々な領域の統合をはかる性向があり、(政治活動をしたり歴史を書くことに関わろうとしなかったという理由から)アリストテレスを軽んじ、たとえば哲学を「雄弁術」(eloquentia)より低く見るのにやぶさかでなかった。「総じて哲学が求めるものは我々に帰する」(omnia autem quae philosophia sibi vendicat nostra sunt. ヴァッラ『快楽論』)。ポリツィアーノが確信するところでは「教師」の職務はアリストテレスをはじめとする哲学者によるものを含め、「書かれたものすべて」(omne scriptorum genus)を検討してつまびらかにすることで、周辺領域に自分がどれだけ通暁しているかは問題にせず、本来のもっとも高貴な意味における「文法家」(grammaticus)以外の肩書を望まない。「自分はアリストテレスの伝達者であるのを宣するだけであって……自分を哲学者と標榜することもなく……よって文法家という称号以外、欲しいとは思わぬ」(前掲『女妖術師』)。

　こうした姿勢の裏には、フマニタス研究が外に知識を広げて領土を広げるという旧来の方法では前に進めず、その広げんとする気持ちを抑え、自分なりの枠組みを構築する段階に入ったとする明晰な意識があった。諸々の学芸分野、より具体的にはヴァッラが捉えておこうとした「雄弁術」の領域には、元来ユマニスムの刻印がはっきり押されたものもあれば、それが及ばないものもあった。新しい文学者たちがもたらしたおびただしい資料、そしてその資料から見えてくる考察を思えば、たった一人の頭に古典主義への志向があるからといって、膨大にすぎる資料を生かしきるのが叶わぬ話であることは分かっていた。しかしそれとは逆に、ユマニスムの夢はまさに自分自身で資料を提示し、その資料を操作することにあった。頂点に立つユマニストのポリツィアーノは、無菌状態を貫く文献学の『雑纂』をもって、「知」にたいするユマニスムの理想の腑分けをする。

とにもかくにも、こうした姿勢はユマニスムにあって、同じく本質をなす文学への情熱と微塵も齟齬しないことを確認しておかねばならない。アンジェロ・アンブロジーニ〔ポリツィアーノの本名〕が古典研究と同等に愛着をいだいていたものがあるとすれば、それは詩だった。これは言語を問わない。彼の中にあって双方は黄金の糸で繋がっていた。若い頃、二五歳以前で「教授」よりも宮廷人の肩書のほうが似合う頃の詩文には、ヴェネツィアのサロンで楽師たちの演奏と和すような、きめ細かな「敬慕」(〔表題にもなっている〕rispetto)が読み取れる。

エコーよ、私が君を呼ぶ(*chiamo*)あいだ、君はなにをしておいでか。私は愛している(*Amo*)
君が愛(*amore*)を届ける方はなにをしておいでか。ああ、あの人は死ぬ(*Ah, more*)

(ポリツィアーノ『敬慕』所収)

けれども『雑纂』(I, 22)のなかで加工されているのはギリシャの警句(エピグラム)で、[マルクス・ウァレリウス・]マルティアリスの一節を明らかにするべく(そして、いつもながらカルデリーニを揶揄しながら)ポリツィアーノが援用したものだ。その頃のラテン語詩では、若き女性の魅力を讃えるオード(41)には、まことに軽妙なエレガンスが溢れている。

娘よ　野うさぎよりも優しく
その身の丈はすらりと伸びて
子うさぎにまさりて柔らかし
その乳房に咲いた二つの花は
両に揃いてほどよく固く
わが両の唇に捕らえられ
わが両の手でおさえられ
ざくろ畑の果実のごとし
誘われずに済む者やなし

Puella delicatior
lepusculo et cuniculo...
Nam quae tibi papillulae
stant floridae et protuberant
sororiantes primulum
ceu mala Punica ardua,
quas ore toto presseram
manuque contrectaveram,
quem non amore allexerint...?

(M. Martelli 他*43)

あらためて『雑纂』(II, 25)だが、ここにはまことに高度な仕掛けが隠されている。可愛い乳房に言及する際、女性の胸をプリニウスが"rigentes"とさらっと言ってしまうところを、ポリツィアーノは評価の高い二種の写本と[古代ローマの文法学者]フェストゥスに従って、臆することなくまず soro-rientes、その後に考究を深めて sororiantes と正している。

このオードの山彦《エコー》と何箇所かの奇想的な遊び《ディヴェルティメント》の問題は、その後長きにわたってラテン語、近代語の双方で俎上に載せられてきたが、もちろんそのわけは、上述の面白さが際立っていたからではない。ポリツィアーノが文学や文献学の規範、またはそれを越えた識見をこれ見よがしにしたことによる。ポリツィアーノがある意味で自分の全作品の核をなすとみる「選集」(*sylva*)に収録された『ヌトリキア』(*cui titulus Nutricia*)で、古典詩を「時間の外にある総体」とし、そこでは時間経過などはどこ吹く風、作品分野と作者名とが秘密裡かつ奔放に羅列され、その様子は(P. Godman[*44] の言うには)「変化や進展が感じられる箇所がほとんどないかのように」構成されている。ポリツィアーノにとっては、ラテン語世界そのものが、すでに異国情緒溢れた多彩な花々が咲く森にほかならず、「同時に共存して共生の秩序をなす」。それは詩的「閃き」[古典詩で使われる *furor* poeticus]が漂う[T・S・エリオットの評論集の表題]『聖なる森』(*The Sacred Wood*)のようなものだ。己れと他の選ばれた少数者が含蓄のある古語、意表を突く意味が込められた語彙を駆使し、自分たちの間でしか了解できない謎めいた用法が随所にちりばめられていたのだった。

ポリツィアーノの場合、単語はそれが意味するところよりも、音の響き故にそこに配置され、ページの本体よりも脚注(もしくは教場での注解)、テクストよりもインターテクスト(この流行語を用いても支障なかろう)のほうが重きをなすことが少なくない。暗号、個人的な「メモ書き」(annotationes)

は言うに及ばず、（［フランスのユマニスト］ギヨーム・ビュデ[42]は「壊れしもの読む能わず」とした）解読不能な文字を使って秘密にしないまでも、「至言」(mot juste)を開陳することでエレガンスを目指すきらいがあった。知られざる資料、稀にしか使われない語彙は、あたりに身を潜める盗作癖のある輩から（警戒は当然）、最大限の注意をもって守らねばならなかった。それによってパトロンの高い評価を得る。『ヌトゥリキア』はロレンツォ豪華王を讃美するところで終わっているが、当初はマティアス・コルウィヌス[Matias Corvino. ハンガリー王マーチャーシュ一世]に献じられ、その後ポリツィアーノがヴァチカン図書館司書を希望した際には、ジェンティーレ枢機卿に捧げられた。[テクストの意味を他のテクストとの関連をもって見いだす]インターテクスト性(intertextuality)は文学であり、文献学であり、社会環境を反映するものでもあった。

　さて、ポリツィアーノは市井の俗人がいる地平はもとより、好事家たちのいる小高い丘にさえ決して降りようとせず、ひたすら思索を重ね、まさに頂きで活動した。原則論に深入りするのも是としなかった。『雑纂』には、[皇帝ユスティニアヌス一世により発布された]『学説彙纂』(*Pandectas* I, 78)内の、ありもしない否定語をめぐって[『標準注釈』*Glossa ordinaria* で知られる中世法学者の]アックルシウス(Accursio)や「哀れにも」(miserabiliter)狼狽して慌てふためく中世のいかさま弁士たちと論を交わす箇所がある。はたまた[スコラ神学者]ペトルス・ロンバルドゥス[43](Pedro Lombardo)の『命題集』(*Sententiae*)の域を出られぬまま「良知」(sinderesis)と「良心」(conscientia)の違いについて口角泡を飛ばし続ける(II, 7)「新米神学生たち」(iuniores theologos)の相手をする箇所もある。sinderesis なる語はギリシャ語の[本来]あずかり知らない語で、聖ヒエロニムスの文章中にある syneidesis を、彼らが狭義の「良心」ではなく「意識の閃光」と誤読したことを、ポリツィアーノは完膚なきまでに示している。このように論を進めてゆくことで、問題全体の深淵を辿るのにまことに好機を得ることにはなるのだが、ポリツィアーノはそうした展開への道をきっぱり断った。「自分は教養そのものには立ち入らない。ご関心の向きは、いかようにも議論されるがよろしい。私にはギリシャ語語彙の的外れな誤用を正す権利をいただくだけで十分。彼らはしっかりとした文典、ましてやギリシャの信頼できる文典に、まるで馴染んでいない」。

「実際のところ、私は教養そのものには関わりはしない」(Nam de doctrina ipsa minime equidem laboro…)とポリツィアーノは自分の領域にきっちりと線引きをして、まったくの部外者として他の部署に首を突っ込むことがあっても、言うなれば他人の正規の猟場で狩りをしようとはしなかった。カルデリーニやメルーラのような学識の乏しい連中を排撃するよりも、アックルシウスを執拗に批判する、同僚とみなす数人と話を交わす、皆の度肝を抜く、そしてなにより、テクストの「説明がみごとについた」(optime declaratus)り、「今日まで解明されずに来た」(in hunc usque diem non intellectus) (V. Fera 他[*45])ものを解明したことで「自画自賛する」(sibi ipsi plaudere)ことと比べたら、そのような批判は大した意味を持つものではなかった。彼が得意としたのは、ユマニスムの創始者たちが求めた「応用」文献学ではなかった。それよりも時代錯誤をおかすのを回避するかのように[A. Grafton が指摘するように[*46]]「古典著作を歴史的脈絡に位置づける際、今の時代ゆえに際立つような事項をことごとく排除した」。その気になれば、できることだった。というのも今や極度に特化された知に(あらゆる意味で)対応できる人材に事欠かず、それを伝えるのに好都合な文芸分野も存在する時代になっていたからだ。

『雑纂』には博識な読者にとって味わい深い章があるが、なかでも知力が冴え渡っているところがある。ポリツィアーノを知るにはテクスト校訂の素養さえもが不要で、彼は［紀元前三世紀のギリシャ語叙事詩を元にＶ・フラックスが一世紀後半にラテン語で書いた］『アルゴナウティカ』の原型として、「配列の乱れた」(indiligens bibliopola, II, 2)五〇行からのページが含まれていることを、まことに質の高い気配りをもって披露している。当然ながら彼の新しい指摘のほとんどは正しく、それは基本的に専門家向けで、かなり高度なものだった。手稿の価値評価をする際には、できることなら今に伝わる伝統の流れと関連づけて進めるのだが、これは［ドイツの文献学者・神学者のカール・］ラハマン流の「転写された写本の排除」(eliminatio codicum descriptorum)という手法をある程度、先取りするものだった。「時代の緻密な資料づけを通して……言葉の用法を特定する」、写本を引用する際の正確さ、「所有者や所蔵する場所名を明記したうえ(ちなみに所蔵しているという虚栄が別の貴重な手稿への道を開いてくれる)、古文書学上の精査と時代考証をして、それ以外の外的特徴(劣化具合、外観、内部の状態)、できることなら、それにまつわる伝承記入」(V. Branca)[*47]等々が必須とされる。

繰り返すが、素材も方法も斬新で、その中身は高度に専門的だった。これは通常、古典文献学に限定した領域での話であって、文化の他の分野ではもはや事情は異なっていた。ポリツィアーノは例えば、『アエネーイス』の作者名は「Virgilius ではなく Vergilius」(I, 77)であることを、もはや疑いの余地なしとし、この詩作中もっとも美しくも議論の的となってきた一節(II, 255)の解釈に、今日でも十分説得力のある論拠(I, 100)を提示している。「黙す月の思い深き静寂を介して」(... tacitae per amica silentia lunae)がその一文だ。だがウェルギリウスの作品群が総じて讃えられ、その作品群への高い評価が歴史的にも芸術的にもゆるぎないものとなって、今までになかったほどの力で新しい文学が台頭している時にあっては、確たる論拠に立ったポリツィアーノの貢献も、ほんの一握りの文献学者の手に停滞してしまう。一四〇〇年代の黄昏時、ウェルギリウスをそれなりの位置に据えたのはユマニストたちで、別のユマニストが一人台頭して従来の綴りを正し、六歩格の詩をもって正しい釈義を持ち込もうと、もはやその位置が揺らぐことはなかった。Virgilio［ウィルギリウス］は相も変わらず Virgilio で、Vergilio［ウェルギリウス］にはならなかったし（本来の形に差し替えたのがペトラルカだったとしたら、と考えてみるのは偏見になろうか？）、詩人たちは相変わらず、詩文の絶妙この上ない曖昧さよりも、しかじかの不動の解釈につられて、「黙す月の親しい静寂」を唱和し続けたのだった。

その意味でポリツィアーノは理論的に到達する場、今まで言及された数人によってのみ確たる特性が集積されて辿り着く場所となって、フマニタス研究の根本的な貢献が今や文明の王道にどっかと腰を下ろし、イタリアのユマニストは各々の専門研究の象牙の塔に籠もる権利を得た。古典文献学は文化の主要原動力であることをやめ、他の知的分野の方向性に僅かばかりの影響を及ぼしつつ、以後は史学および文学研究のひたすら補助的な技法と化したのだった。

本件絡みで今ひとつ光を照射してくれるのはエルモラオ・バルバロ(44)で、この男は時に好敵手、また時に一つの雛形として、常にポリツィアーノ精神の傍にあった。フィレンツェの男［ポリツィアーノ］は、ユマニスムの構成要素を斟酌して、歴史に抗し、宗教と詩の小径を介してプラトンを復権させんとしたマルシリオ・フィチーノ(45)の幻想に対して一貫して距離を置いて、「プラトンは遠く、おそらくは勾配がきつすぎる［原文ラテン語］」（ポリツィアーノ『弁証論序説』*Praelectio de dialectica*）と記している。

逆にポリツィアーノは次第に確かな足取りで〔問題提起や意図するところを広げながら〕アリストテレスに接近してもいった。ジョヴァンニ・ピコ・デラ・ミランドラ[46]に導かれただけでなく、スタゲイラの男〔アリストテレス〕の哲学を一貫して信奉していたエルモラオの後を追ったからでもあった。「真実にして堅牢、不鮮明なところや作為的なところがない」(vera et solida, non umbratilis et fucata)とエルモラオ・バルバロは記している(Barbaro 書簡[*48])。

折しもアリストテレスの著作の翻訳に挑んでいたエルモラオ・バルバロは、自然誌の論考の中で散漫に記述されていた動植物の特定と[47]、ラテン語での呼称という二重の問題にぶつかることになって、対応策としてディオスコリディスの薬学に手を伸ばさねばならなくなった。一四八一年以降の約一〇年間、『医学について』(*De materia médica*)の翻訳とその補完ノートの『補足言明』(*Corollarium*)が、この作業を進めるための必携書として重宝だった。ところがディオスコリディスの観察や、何点かの自然生物に関する検証を不十分とする反駁にも拍車がかかっていった。たしかに日常体験の域をほとんど出ず、一四八四年の夏、就寝「三〇分前」に庭や周辺の「草を眺めたり」、現在抱えている仕事を考えながら散歩したりしている(K.M. Reeds[*49])。いずれにせよバルバロは一四八九年に突如として『補足言明』の筆を折り、プリニウスの『自然誌』原典に見られる何千もの誤りへの反証と整理の作業に没頭した。これはバルバロが年来蓄積してきたもので、一四九二年から一四九三年にかけて凄まじい勢いで進めて、最終的な体裁を整えるに至ったものだ〔『修正』*Castigationes*〕。ちなみに『補足言明』は一五一七年(一五一六年とされるのは誤り)、没後になってようやく日の目を見ている。

目指す方向と歴史的な意味からすると大きく異なりはしたが、「『修正』と『補足言明』両著作の内容は対をなすものだった」(G. Pozzi 編)[*50]。バルバロは『修正』で、ギリシャ語に同系の重要著作がないことをこれ見よがしに強調しながら、プリニウスの誤りとみなせる所に絞って論を進める。これは古代作家たちに至難とされる箇所をそれぞれを独立させて緻密に論じており、ポリツィアーノの『雑纂』に共感かつ啓発された上での作業だった。それに比して『補足言明』はディオスコリディスを出発点とした自然百科事典で、ギリシャとローマの動植物を総じて検討・照応しているのだが、新しい点としては、動植物を説明するのに、その時点での近代諸語を援用していることだ。『修正』にもこの手の配慮がなきにしもあらずだったが、こちらには検証の実践は見られず、ひたすらテクスト校訂に絞っていて、『補足言明』に見られるような語彙論を経て「自然研究における一つの方法を生み出す」(G. Pozzi)ことで、さらなる道を展開させることをきっぱりと断っている。

『補足言明』を突如中断して『修正』に鞍替えしたことは、まことに象徴的だった。エルモラオ・バルバロは文献学が萎縮してイタリア・ユマニスムが終焉(立ち消えではない)を迎え、人間関係や作業の連続性が切られることで、一五〇〇年代の幕開けに向かうのを見ている。展開は、一方では退行をも意味する。高みに立つ文献学は文明を再構築せんとの夢を片隅に追いやり、文化全体を大きく前進させようとするユマニスムに「古代学」が立ちはだかる。フマニタス研究は一世紀以上にわたり、以前なら別の学芸や科学が果たしていた重要な役割を、みずから背負った。別の知の領域に資料提供をしただけでなく、否、それ以上に範をもって助言し、問題点、方法、指標を示した。たかが文献学と呼ばれようと、言うべきことはまだ少なからずあった。だが、もはや掛け声(mot d'ordre)に終始するばかりとなっていた。

エルモラオ・バルバロは一四九三年、ポリツィアーノは一四九四年に他界する。二〇年後に、ロモロ・アマゼオの父親グレゴリオは、何を間違ったか、息子こそ「世界一」(de primi del mondo)だと信じて疑わず、収入が一〇〇〇ドゥカードの「学校の教師」などにはならず、「ユマニスムの高名な教授」、「[イタリア北東部の]フリウリで一番記憶に残る法学者」になると宣言した。ロモロは父親への報告で「現在ローマで一番とされる[一五世紀後半生まれのユマニスト]ジョヴァンニ・バティスタ・ピオは二〇〇ドゥカードそこそこしか実入りがなく、ヴェネツィアでもその程度のはず。ミラノ、パヴィア、フェラーラでは人文系の授業はことごとく閉講となって、カラブリアで学校を開いているジャノ・パラジオ、ルッカのジャコモ・ダラ・クローチェのような優れた人材が、直視に堪えない職で喘いでいる状況。ここボローニャでは五、六人が教鞭を執っているけれど一人二〇〇ドゥカードで、全員の分を持ち寄ってもラテン語教授一人分の支払いに届きそうにない」と言う。ジョヴァンニ・ポッツィがこのあたりの状況を巧みに描いている。「まず最高の人材が絶頂期に一斉に姿を消し、続いて傑出して優秀な教師たちが戦争に巻き込まれたり、経済的にやっていけないのを理由に散り散りになってゆく」(Pozzi[*50])。まさに当を得た指摘だ。しかしフマニタス研究のまさに中核で進められていた再編成の渦中で、社会や当の関係者たちが陥った混乱にこそ原因の一端があるとするのも、おおかた的外れとは言えまい。再編成とは「学校教師」、「ユマニスムの教員」その他の教科の仕事分担や利害、「文化関連に直接携わらない知識階層全般」(C. Dionisotti[*51])に関わることだ。つまり有力家系の出で、ユマニスム教育を一応満遍なく学び、学芸趣向だけは親とは比較にならないほど大だが、実際の知識では自分の恩師と競おうとはしないレベルの輩である。

ポリツィアーノとバルバロを例にとって方向を概観したわけだが、ユマニストたちは古典文献学だけをもって象牙の塔に籠もる権限を得たことを強調しておこう。こうした状況は、彼らがみずから進んで、そのように向かわせていったものだった。先ほど取り上げたディオスコリディスは中世に知られていなかったわけではなかったが、それは自然哲学の周辺で話題になるにとどまり、ほとんどその域を出るものではなかった。それを今一度俎上に載せ、忘れ去られていたものを学問の中枢に据えたのはユマニストだった。というのも植物学は「本草学」(res herbaria)の呼称も得て医学部に組み込まれ、他でもないディオスコリディスの文献を通して、新しい知の枠組《エピステーメー》みを構成するに至ったからだ。

『医学について』の復権を果たす、原典を読んで、そこにある教えの大部分を習得することは、たちまちにして実益を伴う識見をつけることを意味し、これはユマニスムの紛れもない成果だった。かような状況下で当のユマニスムは大方の文人に、手法なるものを提供したわけだが、ディオスコリディスの源泉の考究は、高度な文献学とは別の道に導くものでもあった。テクストを厳密に校訂して評釈することに価値があるのは言わずもがなだが、それと連動して別種の作業が控えていた。アナツァルベオ［・ディオスコリディス］による研究を検証して発展させ、彼が記録した植物を特定し、新種を識別してすべて分類する……間違いなく大変な博識だったエルモラオの手を離れ、新時代のユマニストたちが期待する成果を引き出すには、知識こそいささか劣るとはいえ、日頃から雑草に慣れ親しんでいて、絵心もある農民や羊飼いたちと親しく交わるような人材が［ディオスコリディスを補完するために］必要だった。［一六世紀、スイスの博物学者］コンラート・ゲスナー、［同、スペインの医者でユマニスト］アンドレス・ラグーナ、［同、ドイツ生まれの植物学者］ヴァレリオ・コルドなど錚々たる人物もいた。十分とまでは行かずとも、その方向で堅実な歩みを進めていた『補足言明』は、文献学的に見て一層密度の高い『修正』の影に隠れがちだった。かくして『補足言明』はバティスタ・エグナツィオとバルバロ家一族が一五一七年に出版に漕ぎ着けるまで未刊のままだった。エニャツィオの序文が出版の遅れを余すところなく説明している。〔植物学者で一六世紀前半に〕パリ大学医学部の学部長だったジャン・リュエルはほどなく記念碑的著作『植物の本性について』(*De natura stirpium*)を発表するのだが、それに先立って〔ディオスコリディスの〕『医学について』の見事な翻訳を、補完するかたちで世に問うている。イタリアの学派は、自分たちの翻訳が先行したという他に、バルバロ訳のほうが二つの点で優れていると主張した。「検討した手稿の数が多く、ギリシャ語原文を一層緻密に精査したこと、語彙も古典の用法に厳密に照応させたラテン語で、仕上がりが上だ」(Pozzi *50)というのだ。そこだけを見ると、たしかにエグナツィオの言い分に間違いはない。間違いは、時代を勘案すれば、そうした指摘がディオスコリディスその他の人に向けたものであっても、もはや的外れだったということだ。というのもリュエルが翻訳して幾度となく版を重ねたものを〔一六世紀イタリアの医者でユマニストの〕ピエトロ・マッティオリが対応する訳語をじっくり時間をかけて検証し、膨大な注と見事な挿絵と併せたイタリア語の版を一五五四年に出版しているからだ。この版は市場に出てから、それこそ何年も版を重ね続け、そのたびごとに新しい注や挿絵が入れられて何万部も拡散していった。『補足言明』はもはや昔のもの、それこそ家の片隅に追いやられた古典文献学文典となってしまっていた。

第8章　白鳥の歌――終焉のさんざめき

一五二二年、素性がよく知れないフランドルの教師バクシオ(48)はエラスムス宛に、いたく興奮気味の書状を書き送っている。『対話集』(*Colloquia*)のおかげでブルージュの若者たちが他のどの若者たちよりも賢くなりそうで、教養人を満足させ、親たちにとって励みになっている、と。二年後に「新参の」[出版業者]フローベンに新版を送る際、著者みずから、自著が多くの人の「ラテン語の力を高めただけでなく立派な人物」(et latiniores reddiderit et meliores)に向かわせたと記した。たとえば一世紀前の一四二二年にグアリーノが、キケロに関する講義はヴェローナ中の学生や市民に益をもたらすに相違ないと力説したのと、まさに同じ台詞をあらためて聞いているかのようだ(本書三九頁)。本来取るに足らないことでしかないが、ユマニスム当初の熱っぽい謳い文句が、その発祥地では数十年前に沈静化したというのに、今や主にイタリアの外で熱っぽく語られているのは注目すべきところだ。

「野蛮人」(bárbaros)が今に及んでユマニスムを学ぶことで、文芸分野だけでなく、人生の他の面でも新しい世界を照らし出すことができるとの期待で夢をふくらませたのは理解できる。ユマニスムに傾倒した相当数の人が大変な博識になったのは事実だが、彼らはポリツィアーノ張りの気まぐれで重箱の隅を突つくような文献学では満足できなかった。［カトリック教会が言う］「不信心者たちの地にあって」(in partibus infidelium)、つまりまだ宣教されていない地にあっては、ユマニスムのありがたさは却ってはっきりと感じられ、一層力強く、信頼度を高めつつ、そしてより広い目的意識をもって歩みを進めていった。他方、新米信奉者たちが昨今のイタリアを率いる甘美な古典主義に閉じこもったままだったとしたら、彼らは危うい部外者の域を出なかったことだろう。それなりの敬意と名声を自分のものにしたかったら、自分たちが展開する文芸や知力が、狭義の文学を遥かに凌駕するものであることを、しかと示す必要があった。グアリーノのようなユマニスム創始者たちの精神を復活させ、その後のポリツィアーノに至るまでの成果をことごとく取り込むことだ。一四〇〇年代の高潔な表象を携え、研ぎ澄まされた一五〇〇年代の武器をもって闘いに挑み、イタリアで一世紀以上かけて積み上げられた経験が、異国の地で短期間のうちに強く圧縮されたエネルギーで放たれねばならなかった。

後発の形で開花したユマニスムの想定外の栄華を指して、にぎにぎしくも「三頭政治」(triunvirato)と呼ぶ(この語は当時頻用された)。三頭とはギヨーム・ビュデ、デシデリウス・エラスムス、それとフアン・ルイス・ビベスを指す。緊張関係に陥ったり絶縁することもあったが、三人は恐らくはずっと親近感を維持したというより、互いに賞賛、敬意または脅威を抱きながら、ヨーロッパでもっとも革新的な知力を発揮したエリートの主軸を形づくった。フランス、ネーデルランド、スペインでイタリアが撒いた種が芽を吹いたわけだが、自国の学芸世界にあって大成すべくして大成した者は一人としていなかった。国境や自国の伝統を越えた場に身をおいて書物や師を求め、みずからを鍛え上げて行かねばならなかった。彼らは知性の普遍性を信じ、飛び抜けてショーヴィニストであるビュデを含め、三人は当初から国外に向けて発信する。とりわけアルプス以北、トマス・モアの英国からフィリップ・メランヒトンのドイツに至るまでだ。(49) 彼らの著作から一番の恩恵を受けるのは身分の高い者、大学、王室だが、相当数のブルジョア教養人もここに含まれた（フランスやスペインでは概して俗界者も次第に数を増していった）。こうした人たち以外に、無条件に信奉する人たち、意識の高い宗教関係者、とりわけ上記三名の傑出した人物の愛読者になっただけで自分がその仲間入りをしたと思いこむバクシオのような教師たちが一流出版社と懇意になって、出版社と企画を進めるような雲上人の書を購入したり、出版を前提に書簡を交わす少数の著者の書簡を読むようになる。大物、小物を問わず同族意識を抱き、ひとたび自分の敵とみなしたら最後、それが誰であれ生来の敵とみなす。フマニタス研究は、ギリシャ語をもってイタリアで栄誉ある地位を得、そこに往々にしてヘブライ語が加わったわけだが、当初はルターでさえ、この色眼鏡で見られた。このような現象は源流にはなかったのだが、多くの人が、新しい黄金時代がすぐそこに来ているとの印象をいだいた（エラスムスによる教皇レオ一〇世宛書簡より）。

「雄弁術」が多岐にわたって見せる批判精神に勇気づけられ、それに鼓舞され、ファン・ルイス・ビベスが『教義論』（*De disciplinis*, 一五三一年）で展開した壮大な企画の基本に、皆一致して賛同した。知識への道は言葉（verba）、「事物」（res）、それと「行動」（mores）、つまり取りも直さず言語、現実、それと生活様式の往還となるということだ。何世紀もの間、とりわけ言葉が元凶となったのだが、この鎖の連結の一つが変調をきたすと他のものも変調をきたし、実際の文明の展開を俯瞰した時、一つを正そうとすると、同時に他のものにも手を施さない限り、かなわない話となる。行動《プラクシス》、なかんずく、知の現実的な結果が強調されることになるのだ。ヴァッラは言語の意味は用法にあると説いたが、今や真理は有用性との関連で考えられるきらいが強まり、その延長線上で、ビベスはたとえば魂の正体そのものを論じてもさしたる意味はなく、要はその有り様、いかなる働きをするのかを論じることで、近代心理学の道を開いた。ラテン語やギリシャ語も「益するところがなければ」意味がない(『魂と命』*De anima et vita*)。ユマニスムがこれほど大勢の古典著述家に難癖をつけ、検閲や修正を施し、排撃さえ厭わないなどは、かつてなかったことだ。ビュデが「文献学」について記すように、再生もしくは刷新を考えた時、古典の文筆家が最良の手引きとなるとはいえ、唯一絶対でもなければ、正しさのお墨つきを与えるものでもなく、彼らだけを手本にしなくてはならないいわれはない。「文献学」[philologia. 「語を愛する」が語源]は、より高次元の「文献理論学」(philotheoria)に導かれてゆかねばならなかった(ビュデ『文献学』*De philologia*)。

我らが三巨頭の古代研究では、資料を徹底して追求する客観姿勢と、主観的どころか偏った解釈さえもがごっちゃになって、厳密考古学とひたすら現在を志向する視点とが共存しているのだが、それも上述の事情に由来すると考えてよかろう。実際のところ、すぐれていながらも記述に一貫性が見られない[ビュデの]『古代貨幣考』(*De asse*, 一五一五年)には、政治関連事項、国粋的な思い入れ、フランスで起きている論争、個人的な迷いや願い、「よき文学」(bonae litterae)への期待など、要するにビュデの頭をかすめたことが一切合切注ぎ込まれてしまっている(J.C. Margolin)。[*52] しかし[ギリシャ神話でミノタウロスを倒そうとするテーセウスを助け、導くための糸を渡したと言われる]アリアドネーの糸が、ローマとギリシャの貨幣に関するすぐれた研究の中心課題と、山積した同時代の課題とを、実に巧みにつないでいる。というのもアス、セステルシオ、デナリオ［いずれも古代ローマの貨幣で、一デナリオは一〇アス、四セステルシオに相当］について、かつて一度も実施されなかったことだが、それぞれの重さの厳密な計量はローマ帝国の経済基盤を根本から詳細に示すだけでなく、現在を掌握するのに役立った。つまりフランスのビロン硬貨の価値の引き下げ、傭兵部隊の契約で派生する途方もない税金、高利、個人財産枠などの究極的な論拠となる。『古代貨幣考』では実に多くの事項が渾然一体となっているのだが、ビュデが巧みに交錯させる箇所を応用すれば、昔の物価を自分の時代の貨幣に換算することができそうだ。大ぶりのパン、名馬、スキピオの娘の持参金、当時の著者や友人たちよりずっと実入りがよかったと思われる昔の研究者の収入などを実際に算出してくれたら一興だったのだが。

自分の時代の諸問題にこれほど幅広な視点、そして当然とはいえ、ヨーロッパにこれほど広いパースペクティブを持って臨んだユマニストの世代は、かつてなかった。ユマニスムに見られる社会や政治への関心は、時代環境、修辞学上の基盤、キケロという至上モデルの存在を拠り所にしている。一六世紀の差し当たり数十年間のイタリアの外を眺めてみると、ユマニスムは従来の香りを十分に保ち、その香りが市民の伝統嗜好を刺激して、それをもって昨今もしくは変革期の実相を理解したり、方向づけをしたりするのに格好の知的プログラムであることを思わせた。そしてそれは驚くことではない。文芸は大陸を変容させる各種出来事との相克を幾度となく繰り返し、危機意識を左右し、紛争を解決に導き、改革への願望を育んできた。一五〇〇年代初頭、フマニタス研究は新時代における未曽有の新しい文化力だった。

当時ユマニストであるか否かを識別するには、古典の書を編纂したり評釈したりする様子をずっと目にするまでもなかった。見てくれがどうこうではなく、うっかり者が記録係と取り違えることがあったとしても、ユマニストはまさにまったき意味でユマニストだった。古代から現代に至るまで、彼らは時間の間を自在に往来する。教皇が戦争準備をしている時、意見を求められたエラスムスは、警句めいた言葉を放っている。「ユリウスが本当にユリウスの役柄を演じているのか、私は知りたくてうずうずしている」(書簡集)と。[一六世紀初頭のローマ教皇]ユリウス二世とユリウス・カエサル[ジュリアス・シーザー]は表裏一体ならぬ、同じ世界の両極を表す。エラスムス、ギヨーム・ビュデ、ファン・ルイス・ビベスその他、イタリアの遺産をアルプスの向こう側で馴染ませようとしていた人たちは、当時ののっぴきならない問題を身をもって体験する、もしくは眺望のきくところから眺めていた。ヨーロッパにおける権力同士の新しいバランス、キリスト教の動向、財政の拡がりの結果など……。彼らはそうしたすべての問題について言うべきことを一言もしくは多く持っていた。ユマニスムの旗手としては、なおさらだった。自分が背負った精神的遺産をもって解決策や提案を示さねばならないことを意識していたが、そこには同郷者たちの思い入れ以上のものがあった。

実際のところその通りだった。ユマニストの証しをたちどころに示す古典の博引旁証は、今日にあっては凡庸で独創性を欠く軽薄な隠し芸でしかなく、多少知的レベルの低い人でも、やろうとすればできたとも思われる。しかしアルベルティばりの高みは別格として、上位に構える人材が古典世界に言及を繰り返すといっても、分析と批判どまりだった。エラスムスの『文章用語論』(*De copia* [*verborum ac rerum*])は、正真正銘の博識とみてもらいたい人なら誰でも、生きているうちに少なくとも一度は古典作家、諸分野を満遍なく読んで、途中で出くわす興味深い箇所を抜書きして注釈を施さねばならないと指南している。意味もない繰り返しやお決まりの虚飾を奨励しているのでは、決してない。ましてや自分の視点を権威者と入れ替えたりするのではなく、すべてを勘案して僅差をおもんばかり、自分の意見を他者と対比させ、各テーマを極力異なる角度から精査して結論を導くようにしているのだ。ユマニスムが完成させたその思考の「組み合わせ術」(［中世スペインのラモン・リュイによって提起された］ars combinatoria)はビュデ、エラスムスそしてビベスによって、類稀な実践成果を生み出したのだった。

当時も今日も［三人のうち］一番名前が知られているのは、ロッテルダムのエラスムスだ。限りなしとも言える側面のうち、当時のヨーロッパにあって、彼をかくも傑出した人材たらしめた理由を論じようとする時、彼が［神聖ローマ帝国皇帝］カール五世［スペイン王カルロス一世］に進言をしたとか、ルターの相談役となったことなどに焦点を合わせることはもはや妥当ではあるまい。重大決定事項で大鉈を振るうような場に、主要メンバーの一員として一再ならず同席したとはいえ、彼が同時代史で決定的な影響力を行使したことは、恐らく一度としてあるまい。「諸規定を最小限にとどめ、多くの点を各自の判断に任せて」(書簡集)ようやくキリスト教世界の平和が実現されよう、としきりに繰り返しても、その発言に耳を貸すにはあまりに緊迫した時代だった。今日なら受けいれられる論拠が、当時にあっては裏目に出た。他方、彼の思想や彼の残した足跡を辿ってみると、「この発想は［まさに］エラスムスのもの」と言えるものがほとんどないことに気づかされる。たちどころに「でも［古代神学者］オリゲネス(もしくは聖ヒエロニムス、トマス・アクィナスはたまたロレンツォ・ヴァッラ)が同じようなことを書いている」と指摘できてしまう……次のようにつけ加えることになるのだが。「だが、その時点で当該著者を注視してみると、その発想はエラスムスに由来し、エラスムスが力説している」。エラスムスに見られる折衷志向、視野の広さ、柔軟性、なんならそれを曖昧さと呼んでも構わないが、彼の人物像に動かされたことで、一つの派というよりも一つの讃美集団が生まれる。エラスムスにそうした讃美集団ができたのが事実であれ、それは彼の人物像、特定状況下における彼の対応と関連づけられたものであって、その集団は長続きせず、教義としても安定性を欠くものだった。イタリアにおける彼の精神的特性は、「エラスムス主義」との範疇をもって記されるものでは決してなく、後代がエラスムスの視点を多く掘り起こしたといっても、それは「エラスムス風」(S. Seidel Menchi 他)の語をもって集約されるものでしかなかった。[*53]

たしかに深く広く長期間にわたって生き続けたエラスムスの刻印は、公人としてでも思想家としてのものでもなく、人文学教授としてのものだった。彼を特徴づけるのはその博識よりも教育者としての資質であって、応用が覚束ない新しい真理を見つけることよりも、有益なことを他者に伝える術を身につけていることのほうが肝要だった。[ポリツィアーノのような]ユマニスムの大物もそれに敵対する者も「些細なことに拘泥する文法家」を軽んじていた。エラスムスはそれを[逆に]誇りとして受け入れ、全集第一巻に「学習の実践」(ad institutionem studiorum)系の書を盛り込んだ(書簡集)。先に強調したように、ヴァッラはニコロ・ペロッティが『文法入門』(*Rudimenta grammatices*)を執筆するのをこころよく思わなかったが、エラスムスは頂点に立つユマニストたちが書こうとしなかった入門書を執筆するだけの度量と謙虚な知性を持ち合わせていた。難癖をつけられようが、まずもって(そこに留まることは決してなかったのだが)ラテン語で優れた著作家に親しみ、母語のようにラテン語に馴染むことで、熟語や格言、そして論理にかなった言い回しを用い、規律や規範に翻弄されることなく、同時代人と円滑な対話ができるとの信念から、その方向を是とした。その学習は遊戯、娯楽書や日常生活から学ぶことと変わらないとしたのだった。

非の打ち所がなく、どこでも通用することを願ったそのラテン語がもっとも完璧かつ役立つ形で提示されているのは、おそらくは『文章用語論』で、これは[当の]エラスムス本人の着想から生まれた著書といってよさそうだ。学習訓練の一環として、本書『文章用語論』は、復唱する価値のある一文を取り上げ、それを同義語、隠喩、異なる修辞を用いて言い換えることから始める体裁なのだが、それは同じことを異なった方法で漫然と反復させようとするのではなく、逆に一つの言明の特性を賞味させせるのが目的だった。その後『文章用語論』は、いくつもの構成要素と特性を勘案しながら次第に主題の分析に誘い、さらに広範な展開に据え、歴史や文学の証言、同類の主題を扱った著作家や常識と照合して、要は無数のパースペクティブを天秤にかけながら、豊穣なものになるのを目論んでいる。教場でのオウム返しに超然としながら、エラスムスの『文章用語論』はルネサンス文芸を豊潤なものにするべく多大な貢献を果たした(モンテーニュへの関わりはもとより、随筆ジャンルを創始するための第一級の役割を果たしたと言うだけで、こと足りよう)。それは単なる修辞技法なのではなく、真の理解を目指す方法、事象の思いがけぬ側面を淀みなく伝達する言葉遣いと、より滑らかに言葉を操る感性とを身につけるための論理の手段だったのである。

エラスムスは当時必要とされていた提要を「逐一」書いたと述べてきた。これは断固として誇張ではない。フマニタス研究を遂行するにあたって、彼が時宜を得た著作を執筆しない領域はまずなかった。彼の慧眼と熱意は言うまでもないが、時の運に恵まれてもいる。アルプス以北にあってユマニスムの波及は上層階級出の新参者に大きく依存し、好むと好まざるとにかかわらず、彼らユマニスムの使徒は宮廷人と二足のわらじを履かねばならなかった。エラスムス自身、一四九九年に〔三〇歳で〕イングランドに到着した時点では、まだ「威風堂々たる狩猟者、いっぱしの騎手、風格のある宮廷人然として、うやうやしく頭を下げ、上品な微笑を浮かべ」、「文句のつけようがないほど優しさの溢れる顔立ちで、身のこなしも軽やかなニンフたちの間で、あと少しで〔ギリシャ神話で文芸の女神〕ミューズを飛び越えてニンフを虜にしてしまう」（書簡集）ほどだった。そのような状況では、なにはともあれ、よい入門書の執筆準備をするよりも、よい後見人を探すのが得策だった。数十年後になっても、名家の養育係の座は羨望の的とされていたが（イタリア人の養育係は一九〇〇年頃のフランスやドイツの女性家庭教師に引けを取らなかった）、ユマニスムは権力の頂点にどっかりと腰をおろすが早いか、新米たちの質より量をたぐり寄せるようになっていった。つまり、こうした事態を受けて書物の市場も拡大し、才のある者には新しい専門的な働き口ができるといった具合だ。今まで自分の半生を二流教師として送ってきたアルドゥス・マヌティウス〔訳注（73）参照〕は、数年するとヨーロッパ屈指の出版人になっている。

実際のところ市場が必要としたのは教材であり入門書だった。教材というのはたとえばマヌティウスの出す文庫版、「教本」程度のことで、増えつつある男性貴族向けだったのだが、人文学を身につけて教場を離れてからも、話を難しくする専門家抜きで古典を読み続けたい女性読者も増え、学校の一般学生向けにもなった。学校での教師の仕事は、生徒が持つ本に欠けた注釈を補完することだった。当のマヌティウスの手になるラテン語文法のような提要はベストセラーにこそならなかったが、一五〇一年から一五六八年までの間に一二版余も版を重ねており、それも彼自身がぱっとしない田舎教員だったころ下準備をしていた「文法練習帳」のようなものだった。いずれにせよ、これは教員や学生にとっては、そこそこ基本事項を抜書きして、すぐに古典に飛びつこうという「必携提要集」(compendia quaedam brevissima) の域を出るものではなかった (*Institutiones grammaticae* 序文)。

エラスムスはギリシャ・ラテン、キリスト教、そうではないものを含め、幾多のテクストに署名、もしくは序文を執筆して、フマニタス研究初心者向けの万事を網羅するほどの手引きを書いている。彼は当時あたう限りの技法上の知識を有し、手稿が伝わる際にどのような誤謬が発生しがちかをきっちりとわきまえていたが、実際のところその理屈に厳密に対応していないからといって彼を非難するわけにはいかない (J. D'Amico)[*54]。まことによくできた版があるかと思えば (なかでも教会教父の著作)、自著でもかなり凡庸などころか劣悪な版も相当数にのぼる。彼にとって決定的に重要だった独立性を保とうとした時、しばし出版社の言いなりになってでもペンで生きてゆく他はなく、いつもヴェネツィアの[前出の]マヌティウス、バーゼルの[前出の]フローベンあるいはパリの[ジョス・]バード[Josse Bade]などのレベルに届くのは無い物ねだりでしかなく、それに及ばない場合もあった。けれどもここできっちりと押さえておかねばならないことだが、当時テクスト校訂は、まさに全力を傾注する真剣勝負の領域にあったことだ。エラスムスのこれ以上望むべくもないレベルの文献学の知識も、多方面にわたる彼の活動では、もはや手に負えなくなっていた。各専門家に分枝する時がやって来ていた。ユマニスムの夢が終焉を迎えていたのである。

それに引き換え、入門書にかけては——それも多くの場合、糊口を凌ぐための家庭教師時代の仕事を焼き直したもの——エラスムスの影を薄くする者は誰一人としてなく、彼以上に名声をほしいままにし、教育の才に長け、必要とされる分野でこれ以上十全、かつしっかりした著書を世に問うた人は絶無だった。ここで仔細に立ち入るわけにはいかないが、上述をもって概要は推して知るべしとなろう。これ以上なく巧みに概説したエラスムスの指南書をもって、ユマニスムは今や基本文献をもって示され、それなりの「必読書」(required readings)群をもって客体化されたのである。フマニタス研究は手の届くところにあり、それ以上高いレベルを望まない者は、その「お手頃」ヴァージョンをもって是とし、適切な教養を身につけて自分のことに対処できると考えればよかった。以来ユマニストの学校教育プログラムの中で独立したものとしてみなされ、当初の破竹の勢いこそ失ったとはいえ、それなりに独立した道を歩み始めた。ユマニスムの長時間をかけた末の漠たる勝利、[シェイクスピアが『ヴェローナの二紳士』で言う]「不確かな輝き」(uncertain glory)だった。つまり文明の原動力だったものが[「キケロの言う」]「教養全般」の柱に姿を変えたのである。

エラスムス当人には、かような考えが皆目なかったのは言わずもがなだ。自分が声高に歌っていた軍歌、勝利の歌(書簡集 II)までもが[古代ギリシャ神話にある]白鳥の歌でもあったことを知るよしもなかった。ともかく彼はそうならないよう、懸命そして実に効果的に健闘した。よってエラスムスをしてヨーロッパのラテン語の師とした解説書群を俎上に載せる際、経済的な背景や動機を誇張しすぎるのは適切ではない。それら解説書を執筆したのは実入りがいいからではなく、大著執筆に挑むのと同じ思いからで、双方とも同じ目的を追っていたのだ。足跡の全体的意義、その時その時の内容を思えば、指南書に限っただけでも確かなエラスムスらしさが伝わってくると言ってもいいくらいだ。つまり『格言集』(*Adagia*)や『対話集』(*Colloquia*)が彼の著作であるのを忘れたとしてもだ。

こうした現象は一四八九年頃に始まるが、『雅語論』をａｂｃ配列にしたごく簡単な要約を見ても分かることで、「贖宥」(indulgere)を盛り込み、そこから派生する乱用、文法および宗教上の誤用への言及を怠らない(J. Chomarat)。[*55] こうしたことも一五三五年、〔宗教〕分裂や戦争で贖宥をめぐる議論が過熱化するのを嫌というほど見せつけられ、他界の前年エラスムス当人が最後に確認した著書『説教師または説教の仕方について』(*Ecclesiastes, sive de arte concionandi*)の出版をもって終わる。本書は宣教師に向けて書かれた方法の書で、言わば同時代の枠組みに古典修辞を据えた上で神の御言葉に仕え、ひたすら人間同士の和平への思いを込めた書だ。〔入門書と本格的な著書という〕両端の間でエラスムスは、自分の『文章用語論』(一五一二年)で説いた言辞を尽くして、正しい道はまさに次をおいてないことを説く。「言葉」(litterae)を携えて「敬虔」(pietas)に至る、「品ある言葉とキリスト教のまことの敬虔を合わせ」、「まことの敬虔はよき言葉と共に花を咲かせる〔原文ラテン語〕」(書簡集)などの箴言をずっと連ねてゆく。

ユマニスム文献学のすぐれた研究者が、エラスムスが「よい文学」(bonae litterae〔世俗文学〕)と「聖なる文学」(sacrae litterae〔キリスト教文学〕)を結びつけたことに疑義を挟んだのには驚かされる。「〔エラスムスの言う〕〝キリストの騎士〟の精神教育にあって、雄弁術を詳細に学ぶことが実際いかなる役目を果たせるのか」と問い糺し、「ラテン語雄弁術の領域で影響力のある手引き書と、道徳または信仰の総体系との間に」真の関連があることを否定し去るというのだ(A. Grafton, L. Jardine)。[*56]

しかしながら、物事はまずもって本来の名辞をもって論じられるべきだろう。「いかなる道徳もしくは信仰の総体系」(any moral or devotional meta-system)などと言わずに、平たく、神学、一六世紀初頭のキリスト教神学と言うべきところだろう。エラスムスの歩みは、まさに神学をもって極まりだった(C. Augustijn)[*57]。だが当時神学と言った場合、神を論じればなんでもかんでも神学というのではなかった。一四九五年、若いエラスムスがソルボンヌを散策している頃、モンテーギュ学寮で同僚だった[スコットランドの哲学者で神学者の]ジョン・メジャー(John Major [=Joannes Majoris])でさえ、多方向に向かう「肯定神学」(teologia positiva)の概念をまだ着想していなかった(R.G. Villoslada)[*58]。「神学」と言えば大学の学部でも最高位とされるスコラ神学ただ一つ、それだけの謂で、カリキュラムは[一二世紀の]ペトルス・ロンバルドゥス(Pedro Lombardo)の必読書『命題集』(*Libri sententiarum*)に始まって、その後トマス[・アクィナス]、[ドゥンス・]スコトゥス[Escoto, John Duns Scotus]、それと唯名論の三つに分かれていた。神学者とは、ただ「見事な定義、結論、必然帰結、自明そして言外の「命題」(quaestiones)」を滔々と論じることができ、「神の生成において瞬間は存在するか、キリスト出生には複数の系列が考えられるか、「父なる神が子を憎む」という命題は可能か、神が女性、悪魔、驢馬、瓢箪、石の姿を取ることはありえたか、瓢箪が布教する、奇跡を起こす、十字架にかけられることはありえたか、イエスの肉体が十字架にかけられている時、可能だったとしての話だが、ペテロは何を聖別したか」等々の「問答」(『痴愚神礼賛』)にひるむことなく対応できる人の謂だった。『痴愚神礼賛』[50]では何冊かの書、ノート、教場での暴言が数行に凝縮されているが、そうした暴言は著者が捏造したものではない。それほどまでに諧謔的にならずとも、当時の公式神学の大前提が思弁的で、俗人には手が届かず、専門家たちは一般人がついてこられないよう細心の注意を払っていた、との説明で事足りるはずだ。

はっきり押さえておかねばならないことだが、エラスムスが「敬虔」(pietas)と「言葉」(litterae)を絡めて言う時、古風で洗練された雰囲気づくりをして、巧妙にこれぞ神学なりと提示しようとしたのではない。その手法はパオロ・コルテジが恐らくはキケロの散文気取りで、ペトルス・ロンバルドゥスの著書を書きなぞった時のものだ。つまり時代錯誤を現代のオブラートで包むやり方で(R. Cardini および J.F. D'Amico)[*59]、［一五二八年の］『キケロ派』(*Ciceronianus*)を想起するまでもなく、エラスムスがきつく排撃しているところだ。もっともコルテジはそれなりにうまくやってのけはしているのだが。いずれにせよスコラ神学とユマニスムとが互いに知らん顔の平行線で、独立したままでいるわけにもいかなかった。つまりこうした状況はイエズス会の学院、または状況こそ違え、対抗宗教改革時に見られたことで、知らん顔では当のユマニスムの存在理由としてある統合姿勢を放棄することにつながってしまう。

そうではなくエラスムスが目指すのは、同じ犬に別の異なった首輪をつけることでも、犬を猫と別の場所に封じ込めることでもなかった。エラスムスは公式に抗して裏、まるで正反対の神学をもって差し替えようとした。スコラ神学が無益であることは内容からも形式からしても確証しうるとした。異教の問題に不明な用語が用いられているのが実情で(逆もまた真)、現実生活と信仰の日常体験から乖離していた。キリスト教の唯一にして真の源に、かようなことは起こりえない。イエスと使徒たちの言葉は、教養人にも無知なる人にも同じように容易に伝わり、［エラスムスがスペイン思想に多大な影響を与えた『キリスト教兵士提要』(*Enchiridion*)で言うように」「万人に区別なく……病人や幼子、全き人、立派な人にとっても素晴らしい」聖書を、できるなら原語で学び、新約聖書に見られるそうした言葉や精神を取り戻すことこそ不可欠で、各書物や各時代の特徴に目を光らせ、あらゆるキリスト教的な行動と思考、教えにかなった内なる生の源たる聖書に浸ることが肝要であるとした。何ぴとたりとも、いかなる時も救い主の言葉に無縁ではなく、よって「すべての人がまた、神学者たりうる」(一六世紀スペイン語訳版 *Enquiridión* より)。エラスムスの『対話集』はラテン語会話の手引きであると同時に神学の手引き書、市場で買うことができ、広場に並べられ、集いを盛り上げる、[エラスムス自身の説く]「キリストの哲学」の書だった。幸せな既婚女性と結婚に恵まれなかった女性が結婚の利点と不幸を天秤にかけ、肉屋と魚屋が大斎[断食]への考えの相違を語り、老人数人が自分たちの辿ってきた人生街道が最良のものだったか否かを問いかけ合う……すべてが神学を実践するための機会だ。キリストは個人の視点でありながら共同体の枢軸をなし、人生のいかなる状況にも現存する。キリスト教社会はあらゆる気孔から神学を吸いあげてゆく。

精神は精神に語りかけ、精神をもって応えてもらうもので、単なる上っ面の観察や空虚な儀式をもってされるものではない。三段論法をもってされるものでも、もちろんない。おそらく聖パウロも神学者たちの「信任」(trust)を危うくするような問題を想定はしなかったのではないか(なるほどペトラルカが「神の使徒にありて弁証理論は一切なし」(In Apostolo Dei nichil dyalectice artis erat)と注意を喚起してはいるが(P. de Nolhac)[*60])。つまり、復活後の飲食は正しいか否か、a quo[〜から]と ad quem[〜まで]の用語、聖体の公式では全質変化[ミサでのパンと葡萄酒がキリストの体と血に変するというカトリックの教え」は「連続の中の［数学で言う］分離量」となるが（前掲「問答」）、それならどの瞬間にそれは起こるのか、などがそれだ。

しかしイエスの教えには一点の曇りもない。昔のキリスト者は「聖書にはっきり明言されていないことを断言することは一切できなかった」し、行動に関しても同様で、良心を込めて誠実に教えることが「真の学問としての神学がやること」だった。哲学の論法をもって「父」と「子」とが識別できなかろうとも、救い主の「発出」（processio）の意味を説明できなかろうが、自分が三位一体と連帯していることを感じ取ることは可能だ。信じるか、さもなくば信じないかだ。愛（caridad）が確かなら、教えが揺るぐことはない。大事なのは心が汚れていないことで、我らの努力目標は心の乱れ、「妬み、嫉妬、憎悪、傲慢、強欲、色欲……」を排除し、「聖霊の賜物を手に入れること、つまり愛、喜び、平和、忍耐、善意……」（エラスムス書簡集）。キリストとは愛をもって圧倒する言葉の謂だ（エラスムスは「はじめに説教ありき」（In principio erat sermo）と訳した）。キリストの御姿に、神学者は「神に関わる事項を情熱を込めることなく語る」、自分が感動せずして、そして聞く人を感動させることなく語ることがあってはならず、みずからが変わり、他者を変わらせるようにして、その人たちを聖霊に向けて心を開き、愛をもって行動するように誘わなくてはならない。神学者のなすべきことは「理屈を並べることよりも思いやることであり、巧みに立証することより、よく生きることを示すことだ」（エラスムス『パラクレシス』*Paraclesis*）。

公式な組織神学に取って代わるものとして、エラスムスが信者たちに伝えたかった神学は大雑把に言えば、以上のようなものだ。しかしこうなると、「［エラスムスの言う］「キリストの騎士」の心の養育に際しての雄弁術の役割……」(Grafton, Jardine *8)に疑義を挟むのが非常に難しくなってくる。雄弁術はその養育のまさに範となるもので、換言すると、エラスムスは雄弁術の類型にそった神学を考え、決定的な形で繰り返される指標と、フマニタス研究から浮上するものとを並べた神学を把捉することになる。この対応のさまは、彼の「キリストの哲学」(philosophia Christi)が(ここでその独創性の度合いは問わないとして)、キリスト学、「肉体と精神の矛盾」、「本来的に愛をもって定義される共同体としての教会の有り様」(C. Augustijn *57)等の主題、内容の検討、そして独自に強めた宗教観を体現したものであるのは言うまでもない。教義原理を構築する段階を見ても「雄弁術」の痕跡を読み取ることができる場合があるが、我々にとって一番意味深いのはそこでさえなく、教義原理を組み立てる大枠が、根本的に明らかにユマニスムのパラダイムを繰り返していることだ。

実際のところ、エラスムスが倒さねばならないのは、従来よりユマニスムに敵対してきたスコラ学の方法だった。これは単なる学派の対立などではなく、内情に通じた人向けに技巧を凝らすか、万人に合わせた言葉を選ぶかだった。知を少数の専門家向けの晦渋理論とするか、それともできるだけ多くの人に益する生きた文化とするかの二者択一を意味したのだった。こうした視座は歴史観に関わるもので、思弁神学を排撃するという意味で、エラスムスに隣接する中世的精神性の流れには見られなかったものだ。「また類や種といったものが我々と、いかほどの関係があるというのだ?」〔原文ラテン語〕(ケンピス『キリストに倣いて』*De imitatione Christi*)。なぜなら「キリストの哲学」は、昔、それも千年以上昔の衰退期、文字も精神も腐敗していた昔の基本書籍に立ち返ることを主張する。キリスト教を窮地に追い込んだ痕跡を浄化するにはイエスに立ち返るしかないのは明らかだが、文書(テクスト)、知恵、習慣がこぞって劣化する過程を強調することは、これらすべてを併せ正さんとの発想同様、フマニタス研究の根源にある文献学的な展望から直線的に由来するのも、これまた明らかだ。フマニタス研究の場合がそうであるように、エラスムス神学の核心は言語にあり、徹頭徹尾それは一貫している。なぜなら神は言葉と化しており、神は[前提となる]規定を最小限にし、一番基礎となる書物を精読して、言葉を通して求められねばならないものだからだ(本件に関しては、M. O'Rourke Boyle および M. Hoffmann)[*61]。また同様に、その神学を広めるのも修めるのも当然ながら、修辞学のプログラムに即してゆく。尽きるところ壮大な道徳および社会的な変革を俯瞰した時、説得が肝要であって、行動に誘う際に優先されるのは「感情状態」(páthos)[51]、「おもいやること」となる。これらは弁舌者が覚醒させるものであって、[弁舌者がそれを]自分の中で涵養し、話しかける聴衆の特徴や状況に細心の気配りをすることを意味する。

ここでは上記のような概略をおさえておく以上のことはしないし、それ以上は適切でもない。エラスムス神学のかなりの部分は、ユマニスムを成立させる基準に組み込まれている。[その意味で本来なら]具体的に詳述することさえできよう。次を想起しておこう。一四五七年三月四日、ローマのサンタ・マリア・ソプラ・ミネルヴァ教会にドミニコ会士たちが参集して、ロレンツォ・ヴァッラの話を聞きに来ていたのだが、彼らドミニコ会士は、聖トマスが抜きん出ていたのは、「最古参の教会博士たちがほぼ等閑に付していた論理学、形而上学、そして哲学全体」を神学の軛《くびき》に置いたことにあると得心していた。ヴァッラは伝道者の言葉に寄り添って(新約聖書「コロサイ人への手紙」2章8節)、そのような衒学的事項を黙殺し、アウグスティヌス、アンブロシウス、バシリウス、クリソストムスなど

（ヴァッラ著作集、S. Camporeale）の巨人の〔聖パウロによって展開されたとされる〕「神学手法」（theologandi modus）に従うのがよいとの考えを開陳した。だがもう一世紀遡ったなら、ペトラルカは、かつてすばらしい「先生がた」の薫陶を受けた神学の師〔聖トマス〕の名を汚すだけの亜流たちに激昂して、密度の高い数ページを書き残したに相違あるまい。連中は「敬虔は知なり」（Pietas est sapientia〔旧約「ヨブ記」28章28節〕）を体現しようともせず、おそらくは使徒、さらには福音書までも蔑む「新参神学者」（novi ... theologi）で、詭弁家とまではいかなくとも「弁証法の神学者」（ex theologis dyalectici）に変貌して（ペトラルカ前掲『吉凶両運の対処について』他）、自分たちの説教やありもしないアリストテレス流のカテゴレーム〔実在的意味を表す表現〕を駆使したとしても、我々に善行を促す言葉はまるでない、と。*62

否定用語と化したスコラ学から、新約聖書、教父と同じく雄弁術への「思い」（affectus）に至る過程は、実は長い道のりを経た「キリストの哲学」（philosophia Christi）と同じではないのか？　ペトラルカ、ヴァッラを嚆矢とする多くのユマニストたちは「先駆者」というだけではない。エラスムスの神学が彼らとは別の場所、別の時代に花を咲かせたとはいえ、根と樹液とを共有している。それは先にも指摘したように、ユマニスムのパラダイムだ。ユマニストたちが手にしたマグナ・カルタという点では、キケロの『弁論家について』（*De oratore*）の次の一節の修辞以上に見事に説いたものはない。「他の諸々の術は、ひっそりした遠い源泉より生まれ来ることが多いが、話術は誰の手にも届く広場の中央にあり、常日頃より実際に利用され、皆の言葉の中にある。よって話術が別の場所で頂きに登りつめ、理解から遠のけば遠のくほど、専門外の人の発想、通俗的な話をする人たちからすると、慣れ親しんだ文体や、受け入れられる共通感覚から掛け離れてしまう」。

『弁論家について』でよく引き合いに出される箇所を筆者が引用したのは、これが一般原理であり、そこに見事に集約されているように、エラスムスがユマニスムにどれほど負うところが大だったか、実によく理解されるからだ。主題、資料または文体の出処が重要とはいえ、ここでそれ以上に重要になってくるのは構成《スキーム》と「心的形態」(forma mentis)だ。先の引用とさして違わない一例を見てみる。エラスムスが言うには、場所はローマ、某高名な弁舌家が教皇の御前で聖金曜日の説教をするのを聞きに行った。その弁舌家はキケロ風の説教をして、教皇庁の雰囲気のなかでそれを実践しようと考えた。当時、この方面で抜きん出ていたのはパオロ・コルテジだった。弁舌の大部分は教皇ユリウス二世に向けた前説に終始した。「ユピテル・オプティムス・マクシムスは三本の尖った必殺の雷《いかずち》を無双の右手にて、瞬く間に望むものことごとくを手中にせり」として、それから祖国のために犠牲となったデキウス、メノイケウス、そしてイーピゲネイアが「受難《パシオン》」になぞらえられ、十字架がスキピオやカエサル、ローマの軍勢に勝利するといった具合だ。「あのローマ人［パオロ・コルテジ］はローマの話に終始するばかりで、キリストの死について、私は彼の口から一言も聞かなかった」。例えば我々が罪を繰り返して、救世主を十字架にかけてしまったことを詳らかにすることもなければ、聴衆たちにこれっぽっちの感動も呼び起こすこともなかった(nec ullos moverat affectus)。自分の話している主題が分かってもおらず、関心もない様子だった。そこでエラスムスはコメントして言うのだが、教皇庁管区内にあって、結局この男はキケロの後を追うと言いながら、トマス・アクイナス、スコトゥスまたは［一三世紀の典礼学者］ドゥランドゥスにも及ばない。こうした人たちは［パオロ・コルテジとは違って］ホラティウスやクインティリアヌスが、弁論術で一番大事なこととして挙げていたものを十分身につけていた。それはなにかというと、話す内容に逐一通暁していること、話を心の奥から湧き出るようにして(前掲『キケロ派』)、それを内容の実相、対象者、そして時機に合わせる、「より的確に言う」ことだ。それとは逆にくだんの人物[パオロ・コルテジ]の説教は、キリスト教の奥義に関する知識からも愛からも生まれ出たものではなく、「適切なことは何一つ言わず」、まったく時機、聴衆、動機も外れていた。「そのような日、そのような聴衆を前にして、そのような主題で、何をしていたのか?」[このあたりの引用原文はいずれもラテン語]。

「キケロ派」で肝要なのは具体的に扱われる題材、資料や文体がどうこうではなく、本質的な要項にこだわり続けることだ。つまり学習対象に向かう姿勢、その伝え方、聴衆もしくは読者への関わり……文法家としてのエラスムスと神学者としてのエラスムスは一つで、無数の仔細な具体事項よりも、かような原則を大事にする。かくしてユマニスムのパラダイムが今一つ見えてくる。雄弁術は「的確に」(aptius)かつ「適切に」(apposite)表現することを要求する。つまり所定の場所と時節のもと、主題と言語の要求するところと、演説者と聴衆への配慮とを按配せねばならない(『キケロ派』および J. Chomarat *55)。だが表現行為でこの目標を目指した闊達なユマニストたるエラスムスは、目標を「理解させる」次元にまで押し上げている(エラスムスの場合、おそらくはこれが人生の目標)。彼にとって「整った」(aptum)は歴史説明の範疇にあり、歴史そのものだ。ユリウス・カエサルが書いたとされる某証書の中で自分を指して一人称複数形 nos を用い、コンスタンティヌス帝の寄進状とされていたものが、中世[ラテン語のリズム]の典型的な律動(cursus)を強引に採用したのは、ペトラルカやヴァッラがつまびらかにしたように誤りで、その理由は「時の流れ」(ratio temporum)にそぐわないからだった。「何を言っているかだけでなく、誰が言っているのか、どんな言葉で言っているのか、誰に向けて言っているのか、いかなる時、いかなる状況で、前にどんなことを言って、次に何が続くのか〔原文ラテン語〕」を常に自問しながら、話はおのずと自分から他者に向けられ、脈絡次第で言葉、事物、人がどのように変わって、どれほど多様で複雑になるかを把捉する感性が鍛えられてゆく。かくして具体的な特定事項が他のすべてと絡み合うに至る。

エラスムスは「美しく整った」(illud decorum et aptum)言葉をもって自分の歴史意識を慮り、「キケロ風」の価値観のみならず、幾人かの神学者を〔神秘主義の実践道たる浄化、照明、合一の〕三つの道に通暁した人物として自分に取り込む。エラスムスが著書のなかで指摘するように、当時向かうところ敵なしの弁舌家だったキケロも、自分とは異なった習慣や好みをもつ〔古代ローマのマルクス・ポルキウス・〕カトーや〔クイントゥス・〕エンニウスの時代だったら、同じくそれなりの対応をせざるをえなかったに相違あるまい。文脈なしではテクスト理解はかなわないし、状況抜きでは事実の理解も及ばない。聖書が一人例外ということはない。旧約聖書の規定も禁止事項も、その時代にあって初めて正当化されるもので、それゆえにこそ現代では効力をもたないことがあろう。パウロは司教たちに妻を大事にするように説いているが、今日では副助祭にさえ妻帯は許されていない。迫害が終了した時、教会はたとえば秘跡の儀式に関する規定を発布し、中にはキリストの教えに背くように思えるものもあるが、キリストの時代とは異なった時代のことであるのを頭に入れておかねばならない。「聖書を時の違いに符合させないのなら」(nisi distinctione temporum Scripturas in concordiam redigamus.『キケロ派』および『真正神学の方法』*Ratio verae theologiae*)だ。

言うまでもなくエラスムスによれば、救い主キリストは言辞と行動の双方で、「整合性のあることを最高次元で示す。キリストは説教をすべての人が理解できるようにしただけでなく」(sermonem suum ad illorum captum attemperans)、昔の規律を一挙に無きものにすることを好まなかった。なぜなら、ユダヤ人たちが「福音」を徐々に受け入れ、洗者[ヨハネ]のように荒れ野に身を引くことなく、「皆と歩みを合わせ、いかなる人の同伴をも拒否せずに」(『釈義』*Paraphrasis* より)この世を生きて欲しいとしたからだ。諸々の社会の絆を思えば、上記は古《いにしえ》の弁舌家の正統な継承者たちが、より身に沁みて考えさせられるものとなろう。*63 しかしキリスト教という共同社会が本当にキリストに集わんとするなら、他の[一般]信者にも適用される。これは現実の限りない階層に己れを開く例証であり、柔軟性と忍耐の教え、ほとんど[ギリシャ神話の女神エイレーネーを踏まえた]平和主義の道行きなのだ。修辞学の範疇の「的確に言う」(dicere aptius)は社会、倫理、宗教的な範疇に昇る。

第9章
エラスムスからペトラルカへ
——思索と詩作の交錯——

エラスムスはユマニスム最後の夢を開花させる。人生のあらゆる側面を「動態」(in actum) のうちに描くことをもって、言語と文学の文化を追求するという古来の願いが、まことに有効な「雄弁術」(eloquentia)で身づくろいをしたキリスト教思想に至るのだが、ここで国と国、人の心を引き裂く宗教紛争という、未曽有の時の課題と遭遇する羽目になった。エラスムス神学を理解するためには、まずそれが「フマニタス研究」(studia humanitatis) の規範と深層で合致しているのを知ること、次にユマニスムが具現したものが、その規範、はたまた二世紀にわたって築いてきた諸々の経験と実際のところどう絡み合うのかを検証することが必須となる。エラスムスは時に自分の道を前に進んだかと思うと、時には同じ道を引き返しもしているので、ユマニスムの理論と実際に辿った道行き双方を塩梅しながら、その達成域を見極めなくてはならない。彼の著作にあっては、イタリアの特定のユマニストを辿るのとは異なって、こうした二つの間尺をもって位置づけをするほうが、はるかに得るところ大となる。

肝心のロレンツォ・ヴァッラも度外視してはならない。古代、近代を問わず、エラスムスが彼から以上に決定的なインスピレーションを受けた著述家はまずいるまい。一四八九年あたりの記録にある仔細なものから、聖パウロのモチーフ「内なる人」を経て（「外なる人ではなく、内なる人を神は喜び給う」（non exterior homo, sed interior placet Deo）（Valla, *De professione religiosorum*））、「僧衣は僧をつくらず」（monachatus non est pietas...）に類する確信を得て、「言語の修辞学の概念」（S.I. Camporeale 他による Valla の文法に関する資料）[*64]に至るまで、随所にヴァッラの教えを見て取ることができる。しかし両者に一致が見られると言っても、常にヴァッラの帰結点からエラスムスが出発しているとは限らず、両者は同じ出発点から刺激を受けることが多かった。

一例だがヴァッラがウルガタ聖書[52]に収録のラテン語版新約聖書を、ギリシャ語原典と照合したうえで修正するべく纏めていた長大な「注解集」（*adnotationes*）をエラスムスが一五〇四年に発掘して、一五〇五年に公刊したことはよく知られる。そこからエラスムスは文献学的手法と精神の方向性について無数のことを学び、先駆的な『校訂ギリシャ語新約聖書』（*Novum Instrumentum*, 一五一六年初版、一五三五年「最終」五版）に結実させているが、これは自分の手になるラテン語訳と、精緻なテクスト校訂と、キリスト本来のメッセージを掘り起こそうとする卓越した手法とを兼ねた注記や評釈を合体させたものだ（J.H. Bentley および E. Rummel）[*65]。本書は多面にわたって、エラスムスの全活動の頂点をなすものだった。「宗教を復興し、再構成したいとの願いに沿うとき……場所のいかんを問わずキリストの哲学を伝えんとする者は、聖書のテクストに従ったキリストの教えにひたすら専心すること。と言うのも私見では、そのテクストの中でかつての「父」の思い、我々に向けた天の言葉が、まったき効力を堅持した状態で我々の身近で今にあって生き、今も我々を勇気づけ、今も作用し、話しかけている」からで、他方、「天の御言葉」(sermo ille coelestis)を取り戻すために不可欠となる出発点は、文字を起こし、古代古典の文典で存分に培った手法にそって、テクストの精神が生まれた脈絡に位置づけることだ。なんとなれば、「救済の教義は、沼地や小川よりも、まさに湧き出ずる場所、まさに源泉にあってこそ澄み渡ってこんこんと溢れ出ずるわけで、そこにこそ求められなくてはならない」(書簡集)。

『校訂ギリシャ語新約聖書』の実現のためにヴァッラの注解が大いに役立ったのは間違いないとは言いつつも、時に散見する指摘なのだが、ヴァッラの「注解集」あったればこそ、とまでしてしまうのは正しくはあるまい。まずもってエラスムスの企画があって、それが「注解集」の発掘につながっている。事実、ギリシャ語に習熟していない限り、神学の多くの問題を解することが覚束ないのを悟って、エラスムスは一五〇一年に、すでにギリシャ語の修得にのめり込んでいる(書簡集)。このような思いに至るには、ヴァッラに多くの点で我が意を得たりの指摘があったとは言え、実はヴァッラの「注解集」は必要ではなかった。ヴァッラの『雅語論』が「ギリシャ語の真理」(graeca veritas)をもって、宗教上とても大事な箇所をも含めて、ウルガタ聖書の欠陥を数多く正していることを了解し、ユマニスムの歴史体験を二人が共有したと言えば[確かに]共有したことを了解するだけで、エラスムスは事足れりだった。ラテン語からギリシャ語へと研鑽領域が広がってゆくのは、フマニタス研究における必定の成り行きの一部だった。その展開はユマニスムが必然的に辿る方向だった。ペトラルカは熱心にそれを追求したものの運に恵まれず、サルターティと[ギリシャの文人でサルターティにフィレンツェに招聘されたマヌエル・]クリュソロラスをもって嚆矢として、ポリツィアーノ世代に確立された。

ヴァッラ本人もこの方向を辿っていて、「注解集」の最初の手稿と二度目ではウルガタ聖書の単純な修正から、ギリシャ語テクストを洗い直した上で新しい翻訳に移行している。エラスムスが後者の目標に集中したといっても、それはヴァッラのおかげというだけではなく、当のヴァッラもそうだったように、エラスムスはユマニスムの基本前提から滋養を吸い上げ、時代も味方をして、前提となるものが彼の後押しをしてくれたのである。つまり文学方面に限らず、文句なく「最高位に」(in maximis authoribus. 書簡集 126)君臨すると呼べるような指標が存在した。要は、彼の聖書研究は「フマニタス研究」の基底に内在する論理に従ったものだったのである。

次の点も見逃してはなるまい。エラスムスがギリシャ語のテクストに没頭してヴァッラを凌駕したのにとどまらず、とりわけ彼の上を行くほどの野心的な発想をしかと打ち出したことだ。それは「聖書は訪ね来る人全員に向け、〔ラテン語、ギリシャ語、ヘブライ語の〕三つの言語で話す」、「聖ヒエロニムスが聖書を説こうとする際、詭弁を弄したとでもいうのか? 断固としてそれはなく、彼は血の滲むほどの努力をして三つの言語を修得している。三言語を知らぬ者は神学者とは呼べず、神学を冒瀆し、汚し、踏みにじる者だ」(『対話集』所収『宗教談話』)。エラスムスは聖書研究をもって余生を過ごそうと決意した一五〇〇年、その思いを全面的に自分の中で体現しようとも考えてヘブライ語を学び始めてはみたものの、「その言葉が異様ゆえに〔原文ラテン語〕」断念した(書簡集 181)。ヴァッラはそれ以下の小心者で、「天上のエルサレムの美しい玉石や宝石になぞらえられる聖書のすべて、そして一つ一つの言葉」を取り戻すには自分の「注解集」を勘案した上で、「少なくとも」ギリシャ語をそこそこ、ラテン語は完璧に知っていることを求めている。しかしいかんせんエラスムスが願った必須事項に目をつぶることはできず、翻訳ものは駄目、ヘブライ語とギリシャ語の原文テクストだけが「聖なる書」と呼べると強調してはいる（Valla, *Collatio Novi Testamenti*）。

実際のところ、きっちり形をとるまでには時間を要したが、三言語による聖書へのエラスムスの考えは、当初からユマニスムの発想に潜んでいたものだった。当初レオナルド・ブルーニは某論争渦中で熱くなって、古い言い伝えに従って、七十人訳ギリシャ語旧約聖書とウルガタ聖書の翻訳も聖霊のインスピレーションを受けているとし、これ［三言語の聖書のみを正とすること］を否定したとされる。「本当の信仰の基盤はユダヤ人の書物に源があり、いくら翻訳で読めると言われようが、小川の源泉を求めるのが正しい。我々はユダヤ人ではなくキリスト教徒で、そもそも源泉は我々側にあり、彼らのものではない」と主張する連中のことを信じてはならないと論陣を張った（Ch. Trinkaus）。[*66] フィレンツェの書記局長［ブルーニ］は、エラスムスがすでに指摘し、ペトラルカからエル・ブロセンセ[53]に至るユマニストたちがしきりに訴えたキケロ像を、ひどく歪めるばかりか荒唐無稽なまでに追いやり、結果的に自分とは正反対の主張に逢着させることとなった。［キケロの言うに］「小川を進みて源泉をみつけぬ愚かさ［原文ラテン語］」（『弁論家について』II, xxvii, 117）だ。ヴァッラが結論として誘導してみせたように、ヒエロニムスの時代に至るまでの段階で、当の聖人［ヒエロニムス］の証言にもある通り、流れは少なからず濁っており、その後千年の間に「汚れ……泥」（sordes ... ac limum）がますます堆積するのは避けられなかった。かくして意識的に汚れを落とすことが必須となったのである（Valla, *Collatio*...他）。

「源泉」（fontes rerum）に立ち返るべしとの標語は、三言語の文献学への誘いと必然的に同義だった。

そうした兆候、もしくは不連続で脈絡もないまま、このたぐいの動きは一四〇〇年代に多く見られた。「ヘブライとギリシャの真の源泉から[原文ラテン語]」(G. Manetti『擁護論』*Apologeticus*)[*67]聖書全部を翻訳しようというジャンノッツォ・マネッティによる漠たる企画から、詩篇原典の第六四篇とエジプト神話に立ち返って、七十人訳ギリシャ語旧約聖書に修正を加えるポリツィアーノの高邁な試行まである。おそらくもっとも刮目すべき尽力はアントニオ・デ・ネブリハによるもので、彼は一四八六年にすでにヘブライ語の勉強に挑んでおり、数年後には奇しくもエラスムスと同企画の着想を公言している。「我らに残された時を聖書に捧げる[原文ラテン語]」。ネブリハが強調して、したたかに展開してみせた聖書学は、文字通り「名辞」(nomina)と「事物」(res)との解明に収斂して、「文法(grammaticus)に関わる」ものだったが、他方、聖書に伝統的に盛り込まれていた別の「ある部分では神秘、ある部分では道徳に関わる[原文ラテン語]」意味を検討する必要性を説くことも忘れていなかった。さらには、「天上界で認識が可能な」ことを「地上にあって」問うことも必要とした。いずれにせよ、人の救済を最初に伝えたヘブライ語から、叡知の凝縮したギリシャ語を経由して、「宗教、叡智、それと力」を融合させたうえで相補的に補強し合うラテン語に行き着くのは、幅広にして筋の通った洞察ではある。これは当時の大学で十年一日のごとく繰り返されていたことの対極をなしていて、そこでは無知な聖職者たちが(ネブリハは「犠(牲)聖職者」(sacrificuli)のあだ名で呼んだ)「少しく脱線して、スコトゥスの屁理屈をもって[ギリシャ神話の]キマイラの腹を満たすことができるや否や[原文ラテン語]」などという愚問を論じて時間をやり過ごすばかりだった。

こうした思弁神学への皮肉を含めた見方のかなりの部分は[イサベル女王の聴罪司祭でネブリハとも繋

がった」シスネロス枢機卿の発想と重なるものだった。シスネロスはキリスト教思想の新しい方向性としては、三言語による聖書の真の泉に求めねばならず、「その水は永遠の命まで流れ、そこらの小川のように乾きを癒すだけにとどまってはならない［原文ラテン語］」とした（レオ一〇世宛のシスネロスによる『多国語訳聖書』序文）。シスネロスの構想の最大の功績は六巻からなるコンプルトゥム［マドリード近くのアルカラ・デ・エナーレス］の立派な多国語訳聖書だった（J.H. Bentley 他）。*68 しかし枢機卿に助言したり拍車をかけたり弟子を提供したネブリハは、この作業に僅かしか関わろうとせずに踵を返した。ヴァッラ同様、ネブリハは抜本的に見直されたラテン語版を夢想していたにもかかわらず、枢機卿がさしたる改良がなされてもいないウルガタ版を選択したからだった。また挿入図版に対しても両者は食い違い、ネブリハは十字架の罪状書きのように三言語の均衡を保たせるのを望んだが、シスネロスはページの中央にラテン語文を配置印刷して際立たせ、ヘブライ語とギリシャ語が［磔刑の際に］キリストを挟んだ泥棒風情となってしまった。

ギリシャ語による新約聖書初版を採録した多国語訳聖書の一巻目は一五一四年に印刷されたが、一五二〇年まで出回らなかった。エラスムスは（この事業に加わるように枢機卿から声をかけられたが、もはや物理的にもできない話で）その後『校訂ギリシャ語新約聖書』の校訂をする段階になって、ようやくこの版を目にすることができた。聖書文献学が本格化した段階では、ネブリハもエラスムスも、ヴァッラの「注解集」を知らず、この分野でのヴァッラの仕事を知るのには、それぞれ、それなりの時間を要した（エラスムスは古典の音声学や構文論に関するネブリハの仕事を一再ならず活用している。C. Gilly, *Spanien und der Basler Buchdruck bis 1600*）。これはまことに注目さるべき資料だ。異なった環境にあり、思いも素材も各人各様でありながら、方法、対応そして結果では同じ方向に収斂して、その時期も近い。エラスムス主義も聖書研究も、元を正せばフマニタス研究に内在する力に由来し、その時点に至るまでの出発点も道行きも必然的なものだったからだ。こうした視点から眺めないかぎり、エラスムスがヴァッラに一番負うていることも、単なるエピソード上の話として片づけられてしまう。別ジャンルで、その点を以下簡潔に確認しておこう。

初期エラスムスの成果の一つとされる書簡『世をいといて』(*De contemptu mundi*)で、修道生活は十全たる意味において「エピクロス的」[快楽主義的]と形容さるべきと明言されている。四〇年後の一五三三年、『対話集』最終校訂版の最終対話では、「キリストの哲学」の核心を要約し、エピクロスの名を借りて、救世主に呼びかける。「よきキリスト者にまさるエピクロス者なし……」、「崇敬するキリストの哲学の創始者としてエピクロスの名を凌駕する者なし[原文ラテン語]」。ここまで遊び心がないまでも、これは別のところで説いている内容を称揚するものだ。つまりイエスを「悲しがって悲壮的」だと考える人もいるが、そんなことはなく、同じくキリスト教徒の人生がつらく「不快な」(inamoena)ものなどとされる謂れもなく、それどころかこれほど恵まれて安定したものはないのであって、それは「最高善」(summum bonum)たる神は喜びにして和であり、キリスト者は哲学者が求める最高善を神の内に見いだしたのだからだということになる。「哲学者であることはキリスト者であることと同義だ[原文ラテン語]」(前掲『対話集』)。

エラスムスがエピクロスを冒瀆していると声高に(M. O'Rourke Boyle)[*69]、かつ執拗に繰り返してきたルター以来、こうした考えがエラスムス思想の最も特徴的なものの一つとして強調されてきた。そこに確かな部分があったとしても、初期段階から晩年にいたるまで、エラスムスがヴァッラの逆説の虜になっていたことを慮って、差し引いて考えねばならない。つまりヴァッラは『善の真偽について』（*De vero falsoque bono*）の中で、キリスト教徒にとって「最高善」は神を享受することで、よってその善はストア派の「名誉」（honestas）より、エピクロスの「快楽」（voluptas）に近いものだと、辛口混じりにエピクロス派支持を表明している。他にもエラスムスのヴァッラへの依拠のほどを指摘する、詳細な分析がなされてしかるべき重要著作が少なからずある。いずれにせよ、上述のヴァッラを反映した上でのエピクロス派云々が、［実は］ユマニスムの根幹を成す発想の一つで、それが今日的課題として、しかと提示された経緯も見て取らない限り、問題の深層に立ち入ってゆくことはできない。

実際のところ「哲学者の王」（philosophorum princeps）プラトンと「キリストの哲学者」（Christi philosophus）聖アウグスティヌスの後塵を拝するかたちで、ペトラルカが『親近書簡集』（*Familiares*）で陳述した数パラグラフを想起すれば事は足りるのであって、ペトラルカは「真実と最高善」（verum et summum bonum）と幸せは神を愛し、神を享受すること（frui Deo）だと説く。よって真の哲学者はよきキリスト者以外のなに者でもなく、哲学たるは言辞、ましてや三段論法にあるのではなく、［行為］事実、「文学ではなく生に」ある（『親近書簡集』）。すでにペトラルカも「最高善」に絡めて、空虚な弁証法と隔絶した「哲学者」の理想像を正し、具体的にはまったき信仰を生きる「キリスト者」がそれだとして宣言している。ユマニスムの父［ペトラルカ］が、かくしてプラトンとキケロの内にあるキリストの哲学を支持し、ヴァッラとエラスムスがエピクロスを拠り所にするといっても、これは些末なことでしかない。（一、二世紀もすると、当人もおぼつかない理屈をかざして修練者を煩わせる衒学の士が台頭する場が増える。）他方、このように思想と表現とが重要な一致を見せるということは、フマニタス研究の根幹をなす部分が、単なる文学の枠組みを大きく越えて体系化されてゆくことを必然的に意味した。

かくしてペトラルカが生きた時代とエラスムスの時代の間には、ユマニスムの基盤に形式および題材の上でもきっちりとした古典主義があり、それなりの人間観、道徳観そして宗教観を有し、才人エラスムスがそれを声を大にして執拗に説いたとはいえ、中身そのものは決して彼を起点とするものではなかった。本件に関しては、エラスムスの、まさに忘れてはならず、事実頻繁に引き合いにも出される『宗教談話』（*Convivium religiosum*）がある。エウラリウス〔『宗教談話』の登場人物〕は聖パウロの言説を引き合いに出しながら福音の自由に誘うのだが、クリソグロトゥス〔同前〕は当人が感化されたのが異教作家であることから、そうした一節を引き合いに出すのが理にかなっているか否か、〔本書で〕自問している。

敬虔な教えと生活に益することが書かれているものを「異教的」と呼ぶべきではない――エウセビオスはことわって言う――聖書は全面において卓越しているが、私は他の書物、昔の人が言ったり、俗人が書いたりしたものの中に素晴らしいことを見つけることが多い。時には詩人がそうなのだが、汚れを知らず、聖性に溢れ、崇高な記述があって、なにか素晴らしい霊感がそうした詩人たちを突き動かしているとしか思えないような場合がある。（……）私はこの場で友人たちと一緒のわけで、君たちに胸襟を開きたい。キケロが書いた『老年について』（*De senectute*）、『友情について』(*De amicitia*)、『義務について』(*De officiis*)または『トゥスクルム荘対談集』(*Tusculanas*)などの書を読む際、天界の恩寵に導かれた[キケロの]思いに心からの敬意を表し、往々にして私は書物に口づけをしないわけにはいかない。昨今の著作家ではそれと正反対のことが起こる。(……)古典作家と較べてみると、いかんともしがたく冷え切っていて、言っていることに自分の気持ちが入っていないようで呆れるばかりだ。私としては、スコトゥスやその系列の人が書き下ろした全著作よりも、キケロやプルタルコスの著書が一冊欠けているほうを嘆くだろう。[前者が宗教上の視点から問題ありと]排撃されているからではなく、まことの徳への思いを興ざめさせ、反駁したくなるような内容を孕んでいるからだ。(『宗教談話』)

エウセビオスはクリソグロトゥスに問題の一節を引いてみるよう勧める。それは『老年について』(XXIII, 83-84)にある大カトーの考察部分だ。

「……自分は虚しい生を受けたようには思えない生き方をしてきたので、自分が生きてきたことを苦とは思わず、この人生から離れるといっても自宅から出てゆくのではなく、旅籠から出てゆくようなものだ。というのも、この世は居を構えて落ち着くべく私たちに与えられたものではなく、道すがら投宿する場所のようなものだ。おお、幾多の魂と交わる輝かしき、その日よ！　私はこの喧騒と群なす人たちから、離れゆかん」。

キリスト教徒で、これに勝る聖なる言葉をもって話せる人がいようか？

〔『宗教談話』に登場する〕ネファリウスは回想する。「プラトンの対話篇(『パイドン』62b)でソクラテスはそれに劣らぬ落ち着いた口調で、「魂は身体の中で、敵領の要塞の中にあるようなものだ」と言っている」。けれどもウラニウスに言わせると、大カトーの喩えは天上界の住処を定住する「住居」、人体を「幕屋〔テント〕」と呼ぶ「コリント人への第二の手紙」(5章1節)としたほうが落ちつく。ネファリウスは聖ペテロの第二の書簡に類似表現があるとのことで後者に賛同して、「おお、輝かしき日よ……」云々の讃美はさながら聖パウロの声を聞くようだと言う。「我が願いは世を去りてキリストと共に居らんことなり」(「ピリピ人への手紙」1章23節)。

いずれにせよクリソグロトゥスが断言するのだが、一般人からすれば、次の言葉以上にキリスト者に似合う言葉はない。「アテナイの人たちから牢獄に送られた毒人参をソクラテスが飲んで間もなく、〔友人の〕クリトンに向かって、「神が私のしたことをお認めくださるかどうか、私には分からない。私としては神がお喜びになるよう常に努力してきた。よって私の意図を是としてくださることを期待する」と言っている」(『パイドン』69d〔『パイドン』の上の引用と同じく類似はするが、完全には一致しない〕)。エラスムスの言葉の中でももっとも有名な一文が響くのは、まさにこの時で、ネファリウスは〔カトリックで言う〕連禱《れんとう》を思わせるように、こう呼びかけたのだった。

聖ソクラテスよ、我らがため祈り給え!　〔原文ラテン語〕(『宗教談話』)

なにはともあれ、ソクラテスが謙虚にそして静かに、己れを神の御手に委ねようとしているのに比して、うろたえる痴れ者聴罪師を目の前に絶望し、愚かにも迷信や空虚な儀礼に翻弄されながら死んでゆく多くのキリスト教徒がいるのは、嘆かわしいと言うしかない。つまるところ、死に方まで「キリスト者ではなく」俗人に教えられる始末だ。

『宗教談話』の劇的なまでの迫力を称揚することが理にかなっているとはいえ、今まで幾度となく繰り返されてきたことなのだが、前掲のような主張が決定的にエラスムスのものとされてしまう、あるいはたとえば「これはエラスムスの信仰と知的形成、古典古代への心からの讃美とイエス・キリストに心を動かされているのを統合してみせたもの」(C. Augustijn のエラスムス論[*70])とされてしまうとしたら、それは歴史を歪めることになる。エラスムスがこの主張展開と結論を一人で導き出したことになってしまうからだ。そんなことは断じてない。エラスムスがやったのは、フマニタス研究に当初からあった発想を、時宜を得て、そしてまた自分の個性に合わせて纏めあげ、強調したまでのことだ。私見では、ここでもペトラルカが簡潔かつ巧みに内実を明らかにしてくれる。エラスムスはペトラルカのことを知っていて彼に敬意をいだいていたのだが、〔『キケロ派』の表現を借りると〕少々「古めかしくなってしまった」(démodé)と解し、ペトラルカを自己形成の師とみなすことは無論なかった。まさにそれゆえにこそ、さして難しい作業ではないことでもあるし、「エラスムス体系」(corpus erasmianum)の中で飛び抜けて有名な部分をペトラルカのテクストと逐一照合して検証してゆけば、得るところは大となる。

かくしてエウセビオスの発言はのっけから、ペトラルカのそれと重なる。異教の詩人や哲学者のところに頻繁に顔を出すか否かと、いわくありげに問い、次のように答えてみせる。「救済への道を示す手引きなら、どれ一つとして軽んじてはならない。プラトンやキケロが真理を追求するといって、なんの害があると言うのだ。プラトンは矛盾を犯すことなく正しい信仰を教え伝え、キケロの著作は信仰への道をまっすぐ指し示してくれる……。神聖なる真実の手引きに、いささかの危うさもない」。『トゥスクルム荘対談集』の著者〔キケロ〕が「神聖なる……善の」(numen ... bonum)、あるいは「天上の」(caeleste)などの形容を用いて鼓舞されたと考えてみても、決して大きく的を外れたことになるまい。「キリストの哲学」色濃厚な書簡で、ペトラルカは「キケロ風の神の掟」(ciceroniana lex Dei)を着想し、ラクタンティウス顔負けの勢いで、トゥッリオ〔トゥッリウス・キケロ〕が神の掟に至ることができたのは、そこに神自身、「啓示を介してしか知られなかったキリスト〔原文ラテン語〕」、イエス自身がそこに現出したからで、キケロは「なにか神授の力に惹かれ〔原文ラテン語〕」、それを忠実かつ凝縮して書いたのだと言う。

エラスムスからすると思弁神学の権威者たちは冷たすぎるように思われ、異教の文筆家が自分に熱い火をともしてくれるのに、〔思弁神学者たちは〕己れを向上させる火をともしてくれないのを揶揄していたのだろうか？　エラスムスが異教の文筆家たちから刺激を受けていたのは間違いなかった。おりしもペトラルカはスコラ学の頂点に立った人に、こんな言葉を向けている。「私は徳にかかわるアリストテレスの全著作を読んだ……そうした書物のおかげで、私はそれなりに博識になったかもしれないが、よりよい人になれたわけではない……アリストテレスは徳のなんたるかを我々に教えてくれ、私はそれを否定する者ではない。けれども徳を愛し悪徳を忌む心を涵養する弾みをつけ、心を熱くしてくれるほどではない、あるいはあっても僅少でしかない。その類を求める人はラテン語の著述家に求めればよく、とりわけキケロやセネカ、驚かれるかもしれないが、ホラティウスでさえそれは可能だ……」(『無知論』*De sui ipsius et multorum ignorantia*)。キケロの大カトー〔『老年について』〕に盛り込まれた「希望に満ちた」言葉は、クリソグロトゥス以上にペトラルカの胸を打ち、死期に及んでも気丈たれとの言葉をためらうことなく「信者」(catholici)に伝え、「ヘブル人への手紙」の「我らの此処には永遠の都なく……」(13章14節)を引いている。ネファリウスの発言は「ピリピ人への手紙」の「我が願いは……キリストと共に居らんことなり」(1章23節)に通底する『パイドン』の一文と繋がってゆく。ペトラルカはプラトンの対話に沿った一節に着目する。「真の哲学」(vera philosophia)を「死の考察」(cogitatio mortis)として記述した箇所がそれで、それをまさに「消滅の願い」(dissolutionis desiderium)や聖パウロの複数の場面と二重写しにする。二重写しにすることで、エラスムスの登場人物は聖パウロの声を耳にしているかのような思いに至り、ユマニスムの父〔ペトラルカ〕はキケロの言葉を選びほぐし、声高らかに繰り返す。「異教の哲学者ではなく、話しているのが使徒かと思うであろう」(non paganum philosophum, sed apostolum loqui putes.『親近書簡集』)。

　クリソグロトゥスは大カトーの「おお、輝かしき、その日……」を『パイドン』の別の一節に繋げる。稚拙に翻訳された中世の対話手稿を、余白に書き込みながら注意深く読み進んでゆく。その手稿は「まっとうな生き方をした人には、死のほうが現世に優ること、善を行う神が我らを解き放ってくれるのを待つ必要」について記したもので、中でもエラスムスも讃えた「ソクラテス自身」(Socrates de se)が語る箇所[*71](69d)、それと大カトーが『老年について』で展開した高邁な思索の起点となった箇所(L. Minio-Paluello)に着眼してゆく。ネファリウスとは異なり、その該当箇所その他で、ペトラルカは「聖ソクラテスよ！」と喚き出したりはしない。〔聖アウグスティヌスの〕『真実の宗教について』(*De vera religione*)に見られる、ソクラテスが市民たちに唯一神を探し求めるよう誘う章や、その後プラトンとその追随者たちが、その上を行く教えを伝える章を考察するうちに、不可視の実体の存在を肯定する箇所に至るや、ペトラルカは自分を抑えられなくなって、熱い思いを込めながら「真実、神聖にして敬虔なり！」(Vere et sancte et pie!)と記している。「自制」を論じた別の箇所で、ペトラルカは「プラトンの崇高な教え」(celestis doctrina Platonis)を超えるだけの「まさに神聖な」(nichil verius nichilque sanctius)ものに出会ったことは、後にも先にもないと述懐している。神々が人に思いを寄せてくれると信じるに至り、感動のあまりキケロが「祝福されし者、トゥッリ〔ウス・キケロ〕よ！」(Rico その他の研究で言及)と叫び告白する一節を読んだ時に以上が繋がる。けれども我々は「聖ソクラテスよ！」を字義通りに取るほど初《うぶ》であってはなるまい。そうではなく、これは受け、「演出」(coup de théâtre)を狙ったもので、自然の法則とキリスト教の啓示とが重なり合うことを強調するべく、エウセビオスがキケロの著書に繰り返し口づけをしたという話と同じだ。しかし自著自体に物言わしめるのにほとんどの時間を費やしたペトラルカは、こうした目的で効果を狙うことがあっても、エラスムスからさして学ぶことはなかった。一例を挙げると、プラトンとキケロがキリスト教を受け入れたのは間違いなしとすることに満足せず、ローマの弁舌家が現に改宗したとしたら、どれほど美しい説教が教会で鳴り響いたか想像してみるべしと誘っている……(前掲『無知論』)。

実際のところエラスムスはもとより、マルシリオ・フィチーノさえ待つまでもなかった。ソクラテスを列聖させて持ち上げる道は、最初のユマニストがペトラルカであれ無名の人物であれ、古典古代の発掘に専念し始めた時点で開かれた。エラスムス、フィチーノ、ペトラルカのヨーロッパにあっては、題材ばかりか形式まで、異教の世界から吸い上げようとしたら、宗教的視点からしっかりと正当化される必要があった。それが内的なものであれ対外的なものであれだ。信仰にかかわることで、文学を隠れ蓑に誤謬をすり替えられる時代ではなかったのである。古代作家の場合、キリスト教徒からすれば容認しがたい素材、「迷信や有害儀礼」、「非道徳的な行い……それと淫らな文書」(C. Mésoniat の著書から援用)がそこかしこに溢れていたのは言わずもがなだった。だが古代作家から学び続けなければならないとしたら、なんらかの方法をもって、そうした事実に封をしなければならなかった。常套手段として、解釈者に好都合な意味をもたせるべく、隠喩を駆使して読み込む手があった。しかしそれより賢明で長期的にも得策だったのは、古代のテクストの不都合な要素には目をつぶって、戦略的に他の時代のことだとして、逆に好都合な部分を強調することだった。宗教的に明らかに唾棄すべきことなら、倫理としての有益性を喧伝する際に、無理なゴリ押しをするべきではなかった。

古代の作家たちによって頻繁に描かれてきた道徳は、原理的に啓示に則したもの、つまり贖罪に先んずる自然法を前提とする。よって程度の差こそあれ、異教徒の場合には一方の道徳観を出しておいて、別の対応も準備しておくかたちをとる。人間の本性はうまくできていて、イエス・キリストは人間の本性を根本からひっくり返すべくやって来たのではなく、それを刷新して二度目の誕生をもたらすべくやって来た。「みずから再生と呼ぶなら、キリストの哲学は、よくできた自然の再興以外のなんであろうか?」[原文ラテン語]」その意味で人間は常に同じ人間であって、主がそのように望まれ、変わることのない徳をわきまえる光を異教徒に与え、真実にして唯一の神の証しを垣間見せることまでした。よって古代研究を蔑んではならず、研究者は、キリスト教徒に益する教えが、他者や自分に向けて随所に整えられていることを伝え強調する義務があった。「異教徒の書にも、この〔キリストの〕教えと一致する多くの教えを見出すことができる〔原文ラテン語〕」（〔この二つの〕引用はエラスムスの『パラクレシス』による）。〔これは具体的に文章として〕書くかどうかは別として、教会教父の登場を待つまでもなく、そこそこ頭の回転するユマニストなら誰でも着想しうるものだった。たとえばコルッチョ・サルターティは、神の法は人の心に自然法の刻印を押し、自然法は人間の行動に共通する規範となり、これが不動にして永遠の神の法をもって定められた方向に魂を向かわしめると理解していた。というのも彼の考えでは、一例を挙げると、〔ウェルギリウスの叙事詩〕『アエネーイス』を一行一行、「真実の和せる神」（vero Deo congruentia）による託宣として読み込んでゆくことができたからだ。フマニタス研究を真摯に掘り下げてゆくなら他の地層は考えにくく、当然ながらそこには〔ドミニコ会士のジローラモ・〕サヴォナローラの大顰蹙[*72]（A. Huerga）を買った使徒キケロ、聖ソクラテス、「神聖なる人プラトン」（Platone, quello uomo divino）などが、つつましく名を連ねていた。とはいえ程度の問題（と文学的手腕の差）があったにはあったのだが。

〔古代の〕疑似聖人たちの一件は意表を突く副産物の域を出ないとはいえ、こうした着想は深いところで心的対応に効果をもたらす。彼らを自分たちに取り込むことで、ユマニストたちは理屈のうえでは容認できない〔古代著述家の〕思想や行動にいたく寛容になっただけでなく、究極的には時代や国境を越えてキリスト教徒、異教徒を結ぶ恒常倫理を探し求めることになった。探し求めるには、人間の本性が究極的には善であるとの楽観主義がなくてはならず、少なからず模糊とした普遍化、それと歴史的には脆弱この上ない打算を共通分母として「苦肉の策を取る」(faire feu de tout bois)しかなかった。

ところでこうした理屈を唱えながら事を運ぶや、キリスト教の全体的な様相が少しく後ずさりしてしまうのは避けられなかった。「プロ」のユマニストは衝動を抑えがたく、どう見ても明らかなズレ、時には宗教上の表層の相違を和らげてみたり、歪曲または隠蔽したりしながらも、古典著述家の道徳と重なりうる部分をふくらませたのだった。『パラクレシス』で列挙されるような倫理的に共通する部分では、なんら問題はなかった。つまり古代のいかなる学派、いかなる「哲学党派」(factio philosophiae)も金銭が幸福をもたらすなどと教えたことは一度もなく、ストア派は善人をおいて賢者なしと主張し、ソクラテスは非難に対しては非難をもって返すべからずと説き、エピクロスは心が平静でない者は決して幸せになれぬと言明した等々だ。しかし当時のキリスト者の生活の大きな部分を占めていた別の項目でもエピクロスやストア派たちが模範的であり続けねばならないとなると問題は大きくなり、抜き差しならないところに行き着いてしまう。つまり秘跡、「キリスト教に」独自の教義、典礼、教会の掟、礼拝上の習慣……などがそれだ。

フマニタス研究に普遍の価値があることを知らしめたい一念で、実際の当事者として和合を図る者は、このような問題を等閑に付す、もしくは申し訳程度に触れるにとどめるしかなかった。新しい歴史感覚が台頭してきた当時の状況下で、こうした問題に敢えて目をつぶった人は多く、これは各々の細目や敬虔に関わることでとりわけ顕著で、カトリシズムは福音書の平明さから遠ざかり、救世主の当初の教えが現代にあっては形骸化しすぎていることを論証するのに、文献学が実に有効な武器を提供した。ともかく問題化したり論争に向かうことなく、両者を和合させようとする目的意識から、教会の進めてきた諸規定もしくは儀礼上の特定事項をひとまずほぼ後回しにして、暫定的にであれキリスト教の全体像に目を閉じたうえで突き放してみる必要があった。時にはまったくの偶然を含め、この手は結果的に伝統と深い部分で通底し、〔聖パウロの言う〕「内なる人」(interior homo. 前掲一二二頁参照)を中核に据えた宗教性を称揚することになった。それは既成組織やがんじがらめの決め事に距離を置き、なかんずく懺悔に見るような意思表示をおさえる代わりに、倫理行為を前面に出すことだった。

今まで概観してきた忍耐の流れ、人間固有の楽観主義、もしくは自然の法則が、内部でどのように合流するか見てみよう。まず想起しなくてはならないのは、すべての流れがキリスト、神、そして人間への止まざる情熱の泉と一体化するもので、これはエラスムスの宗教性の全体像を理解することに通ずる。一大権威エウヘニオ・アセンシオは、(54) この情熱を四つの基軸をもって読み込む。すなわち「キリスト教の源泉への回帰、すべてのキリスト教徒が俗語〔近代語〕で聖書を読むことの奨励、外見や儀式ではなく内なるキリスト教の優越性、声に出すより内で祈ることの重要性」だ(文芸誌*Ínsula*)。儀礼や誓言に縛られることなく、心と身体をもってイエスを讃えるという新しいタイプの信者の理想として、『パラクレシス』から逸脱することなく、手短に要約できよう。「キリストの哲学を儀礼や誓言のうちにではなく、胸のうちの生活で開示〔原文ラテン語〕」させることだ。さもなくば単に「心中の礼拝」と言っていいかも知れない。いずれにせよ私見では、エラスムスの宗教性の核心にあるのは、ユマニストのそれであることこそ強調されねばならず、これはキリスト教信仰の枠内のフマニタス研究に終始ついて回り、避けて通れないことだった。

断るまでもなく、心中の礼拝が今までなかった新しい(ex novo)発想だというのではなく、キリスト教の伝統に完全に盛り込まれており、一四〇〇年代に執拗なほどまでに強調する動きがあった。しかしエラスムスの成熟期に見られるこの発想を説明するためには、ユマニスム全体を牽引する理論と実践の相克にまさるものはない。「新しき敬虔」(devotio moderna)の残滓をもってしても説明は及ばない。「わが始まりの中に果てあり……」(In my beginning is my end... *East Coker*[*East Coker* は T.S. Eliot の詩集 *Four Quartets* 所収])。フマニタス研究が黄昏を迎えようとしながらも、東の空が白み始める頃合いの見事な美しさをとどめていたのを見るべく、敢えて今一度ペトラルカに遡ってみよう。たった一つの挿話をもって、ユマニストたちの宗教観生成をいち早く端的かつ鮮明に指し示したものとして、存命中に公開を許した[ペトラルカのラテン語による叙事詩]『アフリカ』の一節(VI, 889-913)に優るものはあるまい。

次の一節は、ハンニバルの弟マゴがカルタゴに帰還する途中、ローマ軍に襲われて敗れて負傷し、その末期の言葉を思って描いたところだ。

ああ、強運の果てはかくも遠く　… Heu qualis fortune terminus alte est!
至福もあえなく消えゆく！　Quam letis mens ceca bonis! furor ecce potentum
高みにありて興ずるは　precipiti gaudere loco…
おごれる者の狂態……

死を前にした人の嘆きは異教徒には似合わず、キリスト教徒にこそふさわしいと考えた人がいる。激情任せの誹謗をペトラルカは超然と受けて立ち、次のように答えた。「ここでキリスト教徒云々と言って何になるというのだ。これは人間として、すべての人に共通なものではないのか。いよいよという時が来た時、苦しみと嘆き、それと悔悛をおいて何があるというのだ?……(マゴの口から)キリストの名は決して出てこない。時代を考えれば、天国・地獄のいずれか、聖人か否かの問題でもなく、そうした言葉は考えられない。自然な展開、本来の理屈からして、あらゆる体験をして末期を迎える人が、信仰、教会の秘跡、福音書などへの思いに至ることはありえない。そこここにいる非キリスト者に我々が劣らなければよいのだが! そういう彼らとて、自分たちの誤りや罪を認め、恥じたり苦しんだりもする。報いに差が出るとはいえ、悔悛するという意味では同じだ」。キケロやテレンティウス、オウィディウスやセネカ、ソロモンとダヴィデらも皆一致して、同様の結論を我々に開示している。「誰に、いかに告解すべきかはキリスト教徒のみが知るところだが、罪の意識や良心の呵責、悔悛と告解は、理性ある被造物すべてに共通する」(前掲『老年書簡』)。

これは隠れ蓑としての詭弁を弄したものではなく、反駁の余地を与えぬ論理だ。時代錯誤に陥ることを一切せず、周到に時系列に沿った詩人[ペトラルカ]は、この逸話を非の打ちどころのなきよう配慮した。つまり当然とはいえキリスト教徒に限定したりせず、明晰な人間なら誰でも取りうる言辞に終始したのだ。マゴは「すべての人間に共通する[原文ラテン語]」思いを声にしている。検閲官のカトーも、生来の叡知と啓示による叡知とが混同されることはないとは言いつつも、両者に矛盾するところはなく、それどころか後者によって追確認されるとする(ペトラルカ『名士列伝』)。

それはそれとして、『吉凶両運の対処について』(*De remediis utriusque fortune*)を検討してみよう。これはペトラルカの脂が乗り切った時代の一大傑作で、エラスムスの『格言集』(*Adagia*)に似て、順風満帆あるいはそうでない時、日常の些細なことから高度な次元に至るまで、あらゆる状況にあって、読者が座右の書として「いつでも」(in vitam)役立てられるよう、古代の道徳上の金言を網羅せんとした著書だ。［内容を見ると］マゴの発言を聞いているかのようだとも言えそうだが、「信仰に関わる条項」(fidei articulus)もしくは「聖教会」(Ecclesie sacramentum)への言及は例外でしかない。本書の読み間違いをしないように、酷評家たちがマゴの嘆きを読み取れるとした「贖罪の秘跡」を［某版の］詳細な索引に当たってみると、言及はわずか一度しかなく数行だ(C.H. Rawski 編他)。[*73] それに比してみても、より目立つ題材の「友情、強欲、節度、自負、富……」などを同じく索引に当たってみると、［ルネサンスの核心的な］「徳」(virtud)がこれらの語よりも詳しく説明されている。

ペトラルカは同書で自分の多方面にわたる知的活動の総括、人生における周辺環境をことごとく要約して記述することを試みたが、敬虔なキリスト教徒ペトラルカは、とりわけ信仰に関わる重要事項およびその実践に関わることを意図的に外し、古典著述家たちが自然から得た「叡知」(sapientia)、「人間に共通する知恵」(comunis hominum sapientia)を論じる話題に絞っている。『アフリカ』で「詩人で歴史家」(poeta et historicus)だったペトラルカには多少迷いがあり、自分からイエス・キリストの名を引くのを控えて「天の……栄光」(superum ... decus)という既存の婉曲表現をもって逃げたが、これは［エラスムスの］『キケロ派』で揶揄されることになり、我々としても本来なら首を傾げたくなるところだ。やがて後悔することにはなる「昔からの手法」(mos veterum)に背を向けて個人の着想に流されることは罪、文体上の反逆とみなされていたが、『吉凶両運の対処について』の哲学者〔ペトラルカ〕はすっかり別人となっていた。この作品になると「福音に背く」とは誰も言えないどころか、神の言葉がいたるところにちりばめられていて、古代人の「地上の哲学」(terrena philosophia)が逆に救済の「天の哲学」(celestis philosophia)によって補強されたのだった(ペトラルカ『記憶されるべき事柄の書』*Rerum memorandarum libri* 他)。

つまるところ、これによりペトラルカは、ある意味、「徳性」(virtus)やそれに隣接する概念に集中し(これが宗教に対するフマニタス研究の立ち位置であれ、理論的に逆であれ)、赤裸々な告解にまつわる教義や慣例への言及を丁寧に避けるようになる。この手法が古代人とキリスト教徒とを和合させ、さらなる前進を図るのに一層好都合だった。そればかりではない。両者の垣根を取り去り、偏重されていることを抑制することで他方を強調することにつながり、不当にも長期間看過されてきた諸価値との出会いを実現させることを意味した。当初は「倣うこと」(imitatio)を抑えたり、議論を進めて儀礼や神話の役割を小さくしようとしたりする程度だった。しかし視点をずらすことで、中世カトリシズムの明らかな行き過ぎにたちまち気づくようになって、誠意を込めて内実を尽くす姿勢、真に敬虔な思いから起こす行動や活動に重きを置く宗教性の高揚に至った。「哲学者」(philosophus)ペトラルカの『吉凶両運の対処について』その他に見られる宗教性とは、こうしたものだった。その方向を目指した彼は、信仰の座標軸に置かれたフマニタス研究を理にかなうものとするべく全力を傾注し、〔これは〕エラスムスが、今までのユマニストの誰よりも気持ち(affectus)をこめて懸命に広範なものとし、整え、そして声高に唱えたものだった。

同時代人はそうした流れ、心意気、そして主題を引き続き展開してゆく方向性を見逃さなかったし、ペトラルカとエラスムスの近似性を見逃すこともなかった。たとえばスペインを見てみると、［ペトラルカの］『吉凶両運の対処について』はエラスムスの場合と同様の軌跡を辿り、かつてない力を得、同じような状況下で、同系の翻訳者の手にゆだねられていった［『吉凶両運の対処について』は一五一〇年に Francisco de Madrid、エラスムスの『キリスト教兵士提要』(*Enchiridion*)は一五二六年に弟の Alonso Fernández de Madrid によってスペイン語訳］。原書［ラテン語］であれ、一五一〇年から一五三四年の間に六度以上も版を重ねたフランシスコ・デ・マドリード[55]の［スペイン語］訳を通してであれ、近代教皇たちに向けられた批判を今の時代と照合して読み、平和の希求、よき君主像、その他数々の動因や視座を思うことで、エラスムス主義者たちが、憧れのペトラルカと限りなく重なりあうことに思い至って、歓喜したのも故なしとしない。とにもかくにも言語の力(「己れの唯一の武器」(unum michi telorum genus ペトラルカの言葉))を信じる者が、根本において平和主義に与しないことはありえない。

だが彼らはそれに先立って、ペトラルカの宗教上の本質を捉え、評価しなくてはならなかった。奥深く、すばらしい趣意に溢れたキリスト教、すべての人間に呼びかけ、キリストのうちに集約される慈愛、空虚な儀礼抜きの「敬虔な……思い」、「善行多くして」、聖書と聖人たちに鼓舞され、「知恵」［以上の「　」内は原文ラテン語］そのものたるキリスト教。要するに「最善にして完璧な教え」であり、ペトラルカは聖アウグスティヌスに倣って「新しくて内なる天の人」を追い求め、自著『吉凶両運の対処について』の中で、聖書とラクタンティウスとがヘルメスとアスクレピオスと共生する様を凝縮させている。一三〇〇年代から一四〇〇年代の間に新しいテクスト、手法、関心、現実が橋の下を流れていった。それでも『吉凶両運の対処について』と「キリストの哲学」が手をたずさえてゆくことができた理由は、本質においてエラスムスはペトラルカの中にあったからだ。「……わが果ての中に始まりあり」(... In my end is my beginning)。

第10章　終結――はてのはてに残るもの

本書も終章に至り、終わりにしなくてはならない。エラスムス以降、同類の企画はあっても、影響力でエラスムスを凌駕するものはなかった。当時の世界の諸問題を前に、これほど総体的な回答をもって希望を提供してくれる人物は、その後二度と現れることはなかった。それはフマニタス研究に鼓舞されたプログラムに腰を据え、社会と意識とを根底から刷新するものを指してのことだ。エラスムスの企画の壮大さこそ、ユマニスムの狙い所をなによりも雄弁に語るものであると共に、その夢が辿った道行きを示す以上に、当の企画の弱点を鮮明に浮き彫りにした。短期的に見た場合、エラスムスが説いた忍耐、共生、友愛の実践の行き着くところは、戦場、外交、公会議、密談のうちに雲散霧消していった。長期的に見た場合、エラスムスの宗教性は二世紀後に書かれる多くのことを先取りしたかのように思える。そうは言いながらも、万人の理解しあえる場としてエラスムスが追い求めた倫理基盤は、啓蒙主義が抹消しようとしていたキリスト教精神と絡み合うものだった。啓蒙主義ではこんな主張がなされている。「道徳というものは、迷信にあるのでも儀礼にあるのでもない……道徳は理性を用いる万人に同じものだ［原文フランス語］」（ヴォルテール『哲学辞典』「道徳」の項）。ユマニストたちの作戦上、技法的な意味での世俗主義が、啓蒙主義者たちにあっては自然発生的なものとされ、合理精神がキリスト教に取って代わる。逆噴射されたのだ。

エラスムスの曖昧な部分が彼の主張を長続きさせなかったわけだが、これはユマニスムの辿った道に通じるところが多い。なかんずく二人の主人に同時に仕えることはできぬということだ。ユマニストたちは権威と経験、過去への忠誠と現在へのこだわりとのせめぎあいを、いかんせん十全なかたちで解決するには至らなかった。「整った」(aptum)を至上とするご都合主義を奉じ、ペトラルカその他大勢と同様、エラスムスは修辞を駆使する百面相よろしく、古典文典の解釈を倫理、時には神学の擁護に合わせるべく、厳密さを犠牲にして我田引水をはかった(A. Grafton)。*74「庶民は哲学者よりも話し上手」とヴァッラは言い、言語の規範を[実際の場での]運用上の慣例と意味とに求めたが(本書二一九頁以下)、そのような「庶民」(populus)たるは古代ローマにも一五世紀にもいなかった。「慣例」(consuetudo)といっても、様々な用例を掻き集めて使われなくなったものをもって理想的な形、永遠に有効な文構成とし、「用法」(usus)は記述的であるよりも規範的なものだった(L. Cesarini Martinelli および M. Tavoni)。*75こうした基準が実際のところ文学作品に向けられることになって、事実ユマニストたちは中世の目に余る想像力に向けて総力戦を挑み、真実性、合理性、そして常識、つまり「真実らしく、一貫性があり、慎重であること」(adsint ... verisimile, constantia et decorum...)(J. Luis Vives『彩られた真理』*Veritas fucata*)を詩学の基本とした。だが、こうした条項を最後まで一貫させられなくなったのは、ラテン語と「模倣」(imitatio)が立ち塞がったからだ。[基盤としたものを]抒情詩と随筆の類に取り入れることでどれほど成功しようと、近代の証しとなる典型的なジャンルでは如何ともしがたかった。すなわち小説とすぐれたすべてのフィクション文学が、近代語で書かれるようになった。

　ユマニスム全体に曖昧さがついて回ったのは驚くに足りない。一五三六年、バーゼルでエラスムスが他界した時点でのヨーロッパが、ヴァッラが『雅語論』を準備していた約一〇〇年前当時の文化と大きく違っていたのは当然だ。思想、科学、芸術、文学、政治思想、法律、その他多くの研究分野、さらには生活様式に至るまで、とりわけ刮目されるもの、際立った独創性を示すもの、そうしたすべてがフマニタス研究から決定的な影響をこうむった。だが、斬新なことがいくら幅広に展開したとはいえ、ユマニスムの夢が存分に叶えられたというには程遠く、夢の多くを諦め、覚醒を体験するだけとなったことを、我々は知らなくてはならない。

　［ユマニスムには］元来作為的で希望的観測（wishful thinking）に走る傾向、様式化、幻想志向の性向があったことにより、当然ながら、一番まっとうな反撃として現れたのは確かさの追求だった。それまで［文法学、論理学、修辞学の］三学が強調されていたのが、［幾何学、音楽、天文学、算術の］四科に力点が移行する。簡単な一例を引くべく、『プリニウス修正』（*Castigationes Plinianae*）当時に、少しく立ち返ってみる（本書九二頁以下）。［著者の］エルモラオ・バルバロはプリニウスが間違いを犯すことは滅多になく、『自然誌』にある誤りも転写した人の誤りで、著者が修正しようとしていたものであることを信じて疑わなかった。おりしも一四九二年、フェラーラの大学で医学教授職にあったニッコロ・レオニチェーノは逆で、［プリニウスの犯した誤謬は］実に多く、差し当たり一八葉に纏めた『プリニウスの……誤りについて』（*De Plinii* [et plurium aliorum medicorum in medicina] *erroribus*）では到底網羅しきれず、浩瀚な一冊に纏めなくてはならないほどで、中には薬剤の呼称を混同して、「人の健康と命」（C.G.

Nauert他)[*76]を危うくするものまであるとした。両者の言う通り、もしくは少なくとも部分的にはその通りだった。［文献学者の］バルバロはレオニチェーノに不本意なまでに譲歩せねばならず、［医学者の］レオニチェーノは自分が根本的な誤りとした事項を、バルバロが正していることに気づいていた。

ここで強調しておきたいのは、二人の姿勢がユマニスムの夢を継承していながら、いずれもがそれを実現していないということだ。バルバロは誤りを棚上げしたうえで、古代の著述家を信じ讃えたわけで、これは［ユマニスムの］本来的な動きに沿ったものだった。つまりひたすら古典作家を正しく読み込み、人々の記憶から消えていた情報を手にして、示唆される洞察を試すことで了解され、それは現実を理解し自然をよりよく知るのに貴重な資料を付加することを意味した。つまり『自然誌』のテクストを洗い直すことは、取りも直さず、自然をよりよく理解し、より多くの知見を得ることだった。とにかく信じることなくしては、なにも始まらなかったことであろう。しかしレオニチェーノがやったようにプリニウスを見切ってしまわないことには、［逆に］ユマニストがプリニウスに期した目標、つまり古代の書物を救済し、講釈し、広めんとした新しい文明の理想を希求することなど望むべくもなかった。ギリシャ・ラテンの鉱脈には限りがあった。プリニウス、それとバルバロの装備だけでは一四九二年の域から前進できるといっても、たかが知れていた。なにがなんでもプリニウスだという向きは、それなりに至難の持ち場に固執するしかなかったし、プリニウスが論じた題目が自分に重要と考えた向きは、『自然誌』から重要なことを学び取った後、別の方向を辿ることが必須だった。(56)

だがレオニチェーノよりバルバロに近かったのは、パンドルフォ・コレヌッチオだった。問題になっている件は、［その道の］権威やギリシャ語辞典を持ち出しても埒が明かないことを彼はきっちりと説き、野原や森に出かけて直接観察かつ確認することこそが［今後辿るべき］別の方向であることを、今まで以上に鮮明に説いた(L. Thorndike 他)[*77]。「宇宙や自然にではなく文献を渉猟して真理を見つけ」(E. Bellone 『ガリレオの夢』*Il sogno di Galileo*) ようとする人を揶揄するガリレオの先を行くものだった。要は［プリニウスの］『自然誌』重視から自然の歴史への転換は、世界のイメージと現実双方の変革に深く関わる領域で、新しい知的方向性を示したのだ。一世紀以上にわたって続いたフマニタス研究から抜け出すばかりか、多分にフマニタス研究への反逆をも意味することにもなった。この新しい方向性の最大公約数として出てくるのは、経験主義から懐疑主義に至る多彩な発想を積極的に提唱することで、古代の著作物は「すべての知の源」(omnis scientie fundamentum)、古代の師たちが「すべての知へ」(ad omnem sapientiam) の王道を提供してくれる、というユマニスムの中心的な発想を否定することだった。

　こうした否定的な考えを取る立場の者とて、それまで知られていなかったギリシャ語の著作が発掘されたことで、その恩恵を蒙っていったのは当然で、古典文献学者、なかんずく、かの偉大なスカリジェなどは、本来自分たちの専門分野から異なる分野への貢献を果たし続けたし、［フランドルの文献学者］ユストゥス・リプシウス(Justo Lipsio) はスカリジェの大顰蹙を買いながらも、他の大勢の支持を背に、近代人、なかでも軍人と役人を育成するべく、すべからく古代を教育に導入しようとした。

　リプシウスのそうした教育上の信念はマキャヴェッリのそれよりずっと強固なものだったのだが、それなりに重大な歪曲や看過を避けて通ることはできなかった(M. Martelli および A. Grafton)[*78]。(誰一人として、恐らくは［マキャヴェッリと親しかったフランチェスコ・］グイチャルディーニ(Guicciardini) をもってしても、［マキャヴェッリの］『ティトゥス・リウィウスの初篇一〇巻についての論考』(*Discorsi sopra la prima deca di Tito Livio*)［通称『政略論』、一五一九年］が、［一五一四年の『君主論』の献辞で言う］「最近の……認識」(cognizione delle ... moderne cose)に先立って考究されたなどと言っても、歯牙にもかけなかっただろう。)

ギリシャやローマの詩人、歴史家あるいは哲学者たちのなごりは、言うまでもなくそこかしこに(un peu partout)見て取ることができたが、形跡がいくらあろうと、そこに一貫性は見られず、散発的で行き当たりばったりなものだった。古典の伝統要素があるといえども、それはユマニスムの延長線上とは理解できず、ましてや文化全体のパラダイムとしてのユマニスムのそれではなかった。

「雄弁術」の鋳型に合わせた「キリストの哲学」の終焉と軌を一にして、長年多くの貴重な文献と視点を動員して知識の現場で最先端の役割を果たしてきたフマニタス研究が(「後生だから、このいと気高く美しき戦いに挑もうではないか［原文ラテン語］」［ヴァッラ『雅語論』第一書序文］)、機能を果たさなくなってきていることを、当のエラスムスは見抜いていた。いくつかの卓越した手法を駆使して、当時の知識や経験の総体を刷新したわけだが、より豊饒で美しい世界の誕生に向けて牽引してきたベツレヘムの星たるを、もはや終えようとしていた。フマニタス研究は文献学同様、他の教科と同レベル扱いされ、学校教育の中軸から飾り物になり下がり、文学や芸術を圧迫したということでアカデミズムの崖っぷちに追い詰められてしまった……。念のために言っておくが、これを敗北とは呼ぶまい。こうした状況に追い込んだのは、当のフマニタス研究そのものだったからだ。ユマニスムの傑出したところは、まさに多くの道を切り開いたことだったのだが、ある時からその道を自分たちの手法をもってしては自力で進むことができなくなって、道を譲らなければならなくなったのである。その時がいち早くやって来たのはイタリアだったのだが、ユマニスムの道程が長くて頂点を極めたのがイタリアだったことから、たとえばポリツィアーノのような方法論は、「古代学」(*Altertumwissenschaft*)の要塞が躍進してこようが、それなりに生き延びる。その時点では歴史や文学の方法論がほどよく守られ、ユマニストの貢献にさほど変更を加えずとも、まだ延命が可能だった。

新進の研究者たちがユマニストを凌駕しようとしたら、いかんせんユマニストの向こうを張るしかなかった。たとえばデカルトやベーコンのような人物が、「ユマニストたちが」「事象より言葉を渉猟し始めた」(began to hunt more after words than matter, IV, 2)ことで「ベーコンの著書の題にもなっている」「学問の進歩」(*advancement of learning*)が阻害されたとユマニストを揶揄するのを読むと、こちらとしてはただちに反論したくなる。そうなったのは、往々にして鸚鵡返しに終始するばかりの教員や野心で凝り固まったスノブ連中のことであって、その趨勢の引き金を引いたのは断固としてユマニストではない。そもそもデカルトやベーコンの思想が、フマニタス研究の裏づけなくして可能だったのか？フランシスコ・サンチェス［一六二三年没のスペインの懐疑主義者。第9章で言及(訳注(53))のフランシスコ・サンチェス(＝エル・ブロセンセ)とは別人］の好著『なにも分からないということ』(*Quod nihil scitur*, 一五八一年)の冒頭部分に、自著に推敲された言葉遣いを期待してくれるな、と断り書きがある。「なんだったら、それを得意とするキケロに頼まれたし……美しい言葉遣いは弁論家、詩人、宮廷人、恋人、売春婦、女衒、おべっか使い、居候その他同系列にあっては好都合で、自分の望みを手に入れるためには、言葉巧みであることが必要とされよう。学問にはそれ相応の言葉で十分だ。というより、それこそ必要で、美辞麗句とは相容れない」。しかし、いかなる内容だろうが、「適応性」がまずもって優先されるべしとしたのは、そもそも古代修辞学ではなかったのか？　サンチェスは続けて言う。「多くの権威者を引き合いに出したり、他の著述家たちに礼を尽くしたりすることも、私に期待しないでいただきたい。仕えようとの姿勢が勝ってしまって、真理を求める自由闊達な精神が成り立たないからだ。自分はひたすら合理の道を行くだけ。権威は信じることを強いるが、合理は論拠を提示する……」（同前）。けれどもキケロの『アカデミカ［アカデミア派の教説］』、アンリ・エティエンヌ（Henri Estienne）が刊行した［紀元二世紀から三世紀にかけての哲学者・医師の］セクストス・エンペイリコスの版（一五六二年）を抜きにしてサンチェスは、『なにも分からないということ』を書き終えるに至っただろうか？　はたまたモンテーニュは『随想録』を書くに至っただろうか？

答えは否だ。新しい認識論の起草者たちの反駁を克明に一つ一つ検証してゆけば、彼らはほぼ総崩れになる。逐一見てゆくと誤りになるのだが、全体を鳥瞰すると有効となる。それもそのはずで、彼らにとって重要なのはユマニストが手にした個々の無数の成果ではなく、研究の出発点および中心としての古典著述家、文献学もしくは「雄弁術」を無きものとすることだったからだ。近代性のパイオニアからすると、［ユマニスムの］成果はみずみずしかったものの、手の施しようがないほど根腐れしているかのように映った。「フマニタス研究」の見事な樹は見る影もなくなっていた。古代の言語と文学の樹液はもはや目視できず、目に入るのは落ち葉ばかり、かろうじて救いがあったとしても花だけ、それは一番美しく、また一番ひ弱なものでもあった。

補講１　「文芸讃歌」――ルネサンス期スペインにおけるユマニスムと「人間の尊厳」

フリオ・カロ・バロハ[57]氏に

一五二〇年秋、聖ルカの日〔一〇月一八日〕、フアン・デ・ブロカール[58]はアルカラ・デ・エナーレスで、大学教授陣と学生を前に「勧告講話」(Oratio paraenetica)と題する学年次開講講演を行って、文法への注意を喚起した(*Oratio ad Complutensem universitatem...*, 1521)。学年次を開くにあたって一〇月一八日に、自由学芸と教場(studium)で行われる他教科を讃え、「予備演習」(prolusio)が行われるのが、ヨーロッパでは昔からの慣例だった。他方、ルネサンス期には科目やテクストの説明に〔具体的に〕入る前に、「事前講義」(praelectiones)がとても重視された。「予備演習」も「事前講義」も「哲学分類」(divisiones philosophiae)に合わせて構成されることが多かった(K. Müllner 他)[*79]。大雑把に見て、前者は大学の系列や学部組織にほぼ合わせ、後者は全体的な知の枠組みの中での課題、もしくは著作物の現状が検討される。フアン・デ・ブロカールの「講話」は明らかに両者にまたがり(時代からして混交はよくあった)、諸学総体を一絡げにして過度に称揚するわけにもいかず、かといってそれなりの方向性を示したいとの思いもあった。結果的に、文法および文法と不可分な分野の価値を論じ、相応に文法を重視することなく、他分野での前進を図ろうとする人は大きな誤りを犯していることを証そうとする内容となった。

ブロカールによると、ヘブライ語、ギリシャ語、それとラテン語の教会三言語、「文字で書かれたもの」(res litteraria)を律する文法は、神学に関わることを学ぶ人、自由学芸を学ぶ人、「尊厳ある自由人」(libero homine dignae)にとって基本となる。もしも文法がなくなったら、われわれの生活を向上させる知のすべてがなくなり、宗教関連でわれわれを導き教える聖書学の栄光も消えよう。たとえば各種各様の言及や名称が溢れる聖書を理解するには、さまざまな経験と古典著述家に通じていることが必要で、文法抜きにしてはそれもかなわない。同じく文法を差し置いたのでは、実践から思索に連結する諸々の学問も理解はかなわない。ブロカールは文法の無知が医者、法律家、神学者たちの誤りの原因となっていることを、実に多くの例をもって示す。こうした連中は[古代ギリシャの医者]ケルスス、『ローマ法大全』の重要な一角をなす」『学説彙纂』、もしくは聖書を正しく理解できないと言う。「人の平穏な生活」(humanae vitae commodior)のためには、文法以上にふさわしい教科はない。スペイン人は「精神の力」(viribus animi)で他のいかなる民族にもまさる。才知と技量で劣るはずがない。勝利を手にすることにかけても、ブロカールの勧告はまことに決然たるものだ。つまり文法を起点としながら、「叡知」(sapientia)と「雄弁術」(eloquentia)を結びつけ、詩人、歴史家、劇作家を読み、要するにすべての芸術、諸学に通じる「ラテン語の用法」(sermo latinus)に熟達することを必須とした。

「勧告」の出処と、その知的な立ち位置を追うのは容易だ。ちょっとしたエピソードが有力な手がかりになってくれる。一五二〇年の「予備演習」は「至文擁護」(bonarum litterarum praesidium)者のアントニオ・デ・ネブリハ［訳注(35)参照］が担当することになっていた。ところが師［ネブリハ］はより大掛かりな仕事に忙殺されていたため、ネブリハはファン・デ・ブロカールの「教官」(praeceptor)に委託し、その無名の人物が、まだ若輩でしかなかった弟子に担当を回している。ブロカールは根を詰めて準備し、その成果にネブリハはとても喜び、ブロカールの父親(練達なる印刷技師アルナルドゥス・ギリェルムス)[59]に早々に「勧告」を印刷させるよう取り計らった。

栄えあるユマニスト［ネブリハ］が新参者の初仕事に嬉々としたのは、驚くにあたらない。理由は「勧告」が根本的にネブリハに鼓舞される形で書かれ、大成したネブリハの姿勢を忠実に反映し、ネブリハの今までを要約しさえしていたからだ。ファン・デ・ブロカールは基本的にスポークスマンであって、実際のところ「勧告」はネブリハの引用や不確かな記憶をちりばめたものだった。［そこに見られる］定義や原則は、ネブリハのたとえば『［ラテン語］入門』(*Introductiones*)、『第二講』(*repetitio II*)、『文字権能論』(*De vi ac potestate litterarum*［内容は主にヘブライ、ギリシャ、ラテン語の発音］)に依拠し、文章構成は主に『辞書』(*Dictionarium*)、『護教論』(*Apologia*)、『第三次五十節』(*Tertia Quinquagena*［聖書五十箇所の検証］)、医学の『語彙』などを出典としている。ネブリハはここで「文法学者」(grammaticus)の傑出モデルとして登場させられ、この冠たる肩書はネブリハ当人が自分を主張する際に用いており、低劣表現に対して闘いを挑んでいた初期の言辞を想起させるものだった。「われらのスペインや他国からエブラルドゥス［フランドル］、パストラーナ［スペイン］、アレクサンドル［フランス］[60]のような教師や文士」を放逐する(F. Rico, *Nebrija frente a los bárbaros*)。

この第一期に続けて円熟期に入るのだが、ネブリハ自身も記述しているように、それが「文法学者として」(tamquam grammaticus)、文献学者独自の視点を堅持したまま他分野の知見領域に踏み込んでいくことだったのは、よく知られる。こうした作業と並行するかたちで頂点を極めたのは、法律、医学そして聖書のテクストを説明する、もしくは「語る」(enarratio)べく編纂した一連の語彙集だった(ネブリハ『法律語彙』*Léxico de derecho civil* 他)。ブロカールもこうしたプログラムに専念する。すべての教科、法学、医学その他宗教関係の学問の鍵として、広範な文法のイメージを想定する。この構想はもはやアルカラ[・デ・エナーレス](「訓練の場」(gymnasium)や聖書学院としてのアルカラ。M. Bataillon 他)ではなく、新しいスペイン文化の中枢に文法を君臨させんとしたものだった。

　ネブリハとブロカールの教義と言葉遣いは、ルネサンスにあってポリツィアーノの手になる最高に美しい「事前講義」の『女妖術師《ラミア》』(*Lamia*, 一四九二年)を連想させずにはおかない。この講義では「文法学者」(grammaticus.「教師」(grammatista)や「文士」(litterator)に非ず)のことを「詩人、歴史家、弁舌家、哲学者、医者、法学者のあらゆる書き物[原文ラテン語]」(前掲七二頁、『女妖術師』の一節)を精査して説くのを職務とする博識の士として前面に提示する。ただしこれはフィレンツェの男[ポリツィアーノ]の受け売りではない。これに類した主張をセビリアの男[ネブリハ]が『女妖術師』に何年も先行するかたちで展開してきたわけだし、[ブロカールの]「講話」はポリツィアーノの貴族趣味的な文献学を全面的に継承した上で連携するだけでなく、「併合論者」ヴァッラの「雄弁術」(eloquentia)にも連なるものだった(前掲八四頁他参照)。この姿勢は先に検討した(第1章参照)古典的なもので、ここで検討している「予備演習」と同系列でもあるので、これを機に確認しておくのがよさそうだ。それは一四五五年の聖ルカの日に『雅語論』の著者[ヴァッラ]がローマで行った、ラテン語の力をあらためて称揚する「予備演習」だ。諸学の展開はラテン語の展開と切り離すことができないとヴァッラは主張する。ラテン語が堕落すれば諸学が没落する(necesse erat corruere ... cum ea cuntas disciplinas)。よってアジアやアフリカのように[ラテン語が]低劣にならずに済んだ地域でもローマ帝国の没落以降、価値あるものは一切生まれていない。「帝国没落後には、文法、弁証論と修辞学では凡庸なものしかなく、誰が執筆しているというのか？　弁舌家で、その名前にふさわしい者が一人でもいるとでも言うのか？　歴史家、詩人、法学者、哲学者あるいは神学者で古代の人と肩を並べることができる人材がいるだろうか？」[原文ラテン語](ヴァッラ他参照)。ここでもヴァッラの処方が一貫してついて回っていることは一目瞭然だ。瑣末的なことから神学や聖書釈義に至るまで、「文法の術」(ars grammatica)は、知的活動の中心にありとするのだ。

ヴァッラとポリツィアーノ、ネブリハとブロカールの脈絡がそれぞれ異なるとはいえ、その思想に共通した呼称を「ユマニスム」とするのに迷うまでもない。「ユマニスム」は近代の言葉であり、用法も意見が分かれる。「ユマニスム」は一五〇〇年あたり、出処も怪しく、俗っぽく、侮蔑的な意味さえ込められた語であるため、日頃からそのような呼称を適用される当人の間でさえ、使われることが少なかった。しかし(それなりの識別はするとしても)少なくともネブリハやブロカールのスペインにあって、「フマニタス研究」、「人文学」(litterae humaniores)、つまり「より高次とされた」(politiores)もの、「諸学芸」、「諸学」、「人間の文芸」、「人の」がつくものに肯定的な価値があったならば、そこに「ユマニスム」のレッテルを貼るのに問題はない。こうした積極的な価値評価やイソクラテス、キケロ、クインティリアヌスたちを連想させる一連の旗印のもとには、古代文献学に通暁した「ユマニスト」という職務のみならず、「ユマニスト」たるはかくあるべしとの理念があった。その理念は、すべての教育の基礎は正確な表現と古典作家を満遍なく理解することを前提とするというものだ。ここではギリシャ・ラテンの大著述家たちが盛り込まれた三科(trivium)の教材が中心に据えられ、望むならそこから別分野へも進むことができ、理論・実践を問わず、いかなる限界をも設定しない文芸能力の涵養が旨とされる。

人間のイメージを総体的に問う、もしくはユマニスムの伝統の中で具体的に「人間の尊厳」(dignitas hominis)を問おうとするや、単なる思弁を越え、答えをその理念の構成要素に求めることになり、歴史的な意義が浮上する。よってフマニタス研究の視点から見た人間観という「難題」(vexata quaestio)になんらかの確実な光明を得るべく、筆者はカルロス一世[61]時代のスペインのもので現存する、ブロカールの「講話」に類する資料(諸教科を讃える「予備演習」の謂)を能う限り渉猟した。これら文献は、「ユマニスム」について一片のゆらぎも見せない。併せて言うと、この類の資料には公的な性格があり、質の高い証言となっている。実際のところ、これらの資料にはフマニタス研究を最小限必要とするものから、内包する多くの重要事項にかかわるものまで整然と記述され、それが認識の座標軸にきっちりと位置づけられており、問題を抱えた社会の深層に関わっている様がうかがえる。「予備演習」はユマニストたちが、この語の原初的な意味で書いたもので(〔直截的な〕単語を回避して、「文芸を国からの支援を得て教え」との言い回しを駆使)、たとえば極度に抽象的な論証と、大学程度の必修事項とが交錯するあたりを説く。国王カルロス時代の「講話」では「諸学の尊厳に関する議論、それも芸術間の比較や、近代と古代に関する白熱した論争〔原文イタリア語〕」が大変な盛り上がりを見せ(筆者はここでエウジェニオ・ガレンの見解を踏襲)、イタリアにあっては「知の位置づけと、その方法の危機に臨んだ」(ガレン『新時代』*L'età nuova*)のに対し、カスティーリャとアラゴンでは、そうした危機意識がかなり漠たる様子だったことが知られる。

今、開講講義が提起する数多の問題のうち、筆者はテーマを絞って展望台から俯瞰してみることにする。人間の尊厳についてだ。「人の死」が宣告された場合、昨今の話題の一つ「人間の尊厳」を「自然」との関わりとしてではなく、「時間の流れ」に関わることとして論じることも許されよう。だが筆者は「人間の尊厳」なる語に、昨今のレッテルとして使われる広義を込めることはせずに、通常一五、一六世紀の広い「共通の場」(tópoi)(Ch. Trinkaus 他)[*80]にあって称揚される人間、また当時この「共通の場」と相俟って、そこに関わり合いながら浮上した人間の様態を指して解する。一例を挙げるなら、ジャンノッツォ・マネッティの詳細な考察を想起してみる。彼の『人間の尊厳と優越について』(*De dignitate et excellentia hominis*)は手始めに人体の本来的に傑出したところを讃え、次に合理精神の徳性を称揚した後、第三章では魂と人体双方の秀でた所作と特別な能力に議論を集中させ、最後に「善き死と人生の悲惨」(de bono mortis et de miseria humane vite)を俎上に載せた論者たちへの反駁で締めくくる。さらに筆者たる私は、後世が「人間の尊厳」の呼称を冠した「講話」(*Oratio*)に思いを馳せる。これはジョヴァンニ・ピコ・デラ・ミランドラが人間の素晴らしさを巡って斬新な説明をしようとしながら、凡庸な主張を並べて出発するしかなかったものだ。つまり人間は天と地の架け橋、「合体するもの」、そして世界を解釈する者、等がそれだ。マネッティはいろいろなページからの丸写しが多く(マネッティ『人間の尊厳と優越について』のE.R. Leonard版の詳細な校訂注釈版参照)、ピコの場合にはそれなりに展開させようとした積極姿勢が見える。しかし両者は伝統と刷新とをないまぜにしており、ルネサンス期にその合成されたものがまさに「人間の尊厳」の指標となって、今われわれの検討に供されている。

その共通する指標には古典、聖書、神秘学、教父学の成果が合流し、そこから示唆される顕在力や有用性はルネサンスをもって霧消するどころか、啓蒙時代、若きマルクスに至るまで生き続ける。これほど広範にわたって錯綜し、「考察が間断なく続いたことがはっきりした」以上、「そこに見られる「相違やニュアンスの研究」(l'étude des différences et des nuances)(L. Sozzi)[*81]にこだわってみるのも一興となろう。だが慌てるのは禁物だ。歴史は連続性と齟齬の双方からなり、スペインに関していうなら、検証するに足るだけの資料がまだ欠落している。加えて、相違であれニュアンスであれ、それを個人と著作だけの関わりに限定して求めてはならない。「人間の尊厳」と言った時、どのあたりの知的側面に照準を合わせて考察するのか、各人がどのような動機を選択あるいは重視するのか、人間の尊厳でどのようなイメージを持つのかを特定することが急務となる。カルロス一世当時のスペイン(そしてヨーロッパ)では、「人間の尊厳」を斟酌する際の着眼点として文学のジャンル、説教、人権、アリストテレスの評釈、神学論争などなど……こうしたものを個人の特性にとらわれずに「文芸讃歌」(laudes litterarum)を見据えて追求するのは興味深いと思われる。というのもユマニスムの枠組みを的確に設定するためには、時代錯誤や簡便なだけの精神史(Geistesgeschichte)を越え、ユマニストたちがその学をもって構築した知のイメージをきっちりと白日のもとに晒し、文献の中に「人間の尊厳」を遵守する様を問うてみる価値があるからだ(ここでの tópoi,「人間の尊厳」についてはリコ『人間の小さな世界』(「訳者解説」で言及)他参照)。

人間の尊厳の讃美と「ラテン人文学」の中で涵養される文化讃美との間にある主たる共通点を極力要約してみると、筆者はその「原型」のようなものとして次の指摘をしたい。**「人間は言葉を本質的な道具とする理性をもつことで動物に優る。言葉をもって文芸と「高尚な学芸」**(bonae artes)**が獲得されるのだが、これは付随的な要因ではなくフマニタス**(humanitas)**の実体そのものである。よってフマニタスは受動的に受け入れた特性というよりも、獲得されねばならない「教義」**(doctrina)**だ。そればかりではない。本当の人間の自由は、日常生活の場であれ、思索の場であれ、言語と諸学を介して実現される。なぜなら、そうした道具をもって人は大地を支配し、社会を築き、あらゆる知識を己れのものとし、かくありて、あらゆるもの(小宇宙)であり、神に似せて創られたことで、約された神聖な可能性を真に実現することができる」**[太字部分は原文ではイタリック体](G. Paparelli および S. Dresden 他)[*82]。

このような理論上の概要が、くだんの「予備演習」(prolusiones)全体の根底、マネッティまたはピコ・デラ・ミランドラの底流としてあり、カルロス一世時代のスペインでもっとも際立つかたちで「人間の尊厳」が展開された著作の根底にもあった。(本件に関わるスペインの大人物を二人だけ挙げると)[ファン・ルイス・]ビベスと[セバスティアン・]フォックス・モルシーリョ[62]だ。当然ながら各著者は自分が好むところを選び、それを論ずる量も深さも異なる。しかし全体を通してそこに仕組まれた観念の「モデル」はしかと堅持されている。

かくしてブロカールは基本事項を言葉少なに言う。「言葉が人を他の動物から区別する」(A IIIv)。

ここから「講話」は「文字で書かれたもの」が「人間の生き方に一層沿った医学や政治学、そして思弁的な神学」に仕えるようになって身体、社会そして心の健康に資してゆくとする(A III)。ここで無機質の文法学者から離れて、カスティーリャからアラゴン王国に至る豊潤な修辞学に目を転じることで、このような新しい可能性がどのように広がっていったかを見よう。旺盛な研究意欲をもって知られるバレンシア大学のフランシスコ・デシオ[63]は一五三四年の学年次開講講演で、文芸讃美のまさに常道、つまり文芸なくしては理性が均衡を欠き、文芸は人を見放さず、文芸は人に資するものを極力提供する云々に遡及し、こうした賛辞は低劣な昔話で、人が獣の域を出ていない時代、「人が獣のように山や谷間を駆け巡っていた頃」にあって必要だったとする。今日、文芸を「人にいよいよもって無縁」と発言し、文芸を好む人のことを低劣などと言う人がいるだろうか。だがもし文芸が今さら賛辞(commendatio)を必要としなくなっていようと、文芸を低劣なものとする人がいたとするなら、それなりの言い分を向けねばならない(a VII および V)[以上、この段落の引用は原文ラテン語]とした。バレンシアの「審査官[64]」(Jurats)たちに向けたデシオの論述は、以上のようなものだった。それは「文芸主張」(re literaria asserenda)のマニフェスト、文芸に根をおろした文化の特性、その文化が教員、当局そして学生に求める要請事項を表明したもので、かつまたスペインを諸外国のレベルに引き上げ、自己啓発に積極性が乏しかった雰囲気に修正を迫ろうというものだった。

正直なところ、「表明」(adsertio)でこと足れりとすることはできず、二年後にデシオはもう一つの事前講義で、より鮮明かつ歯に衣を着せぬ主張を余儀なくされた。対話形式によるもので、挑発剝き出しの『教育排撃論』(*Paedapechthia*)と題するものだ(ここでは「教育・教養」[paideía]、よき芸術の教育と育成への憎悪と解されたい)(paideía については Gelio, *Noctes Atticae*)。文芸に敵対する輩は一五三四年の時点で逃げ腰だったのに、今や声を荒らげながら前面に出てきて、バレンシア[大学]の権力を掌握し、「上層会議や集会で特別な地位にあって」(qui in senatu et comitiis praecipuas sedes occupant)、青年貴族たちが「文芸」(bonis literis)などを教え込まれるのを是としなかった(A III)。彼らはいっぱしの「騎士」(cavallers)であり、「文芸ごっこ」(gymnasium literarium)などより、戦術養成校か売春宿のほうが益するところ大(a VII)とまで主張した。それに対してデシオはそうした頭ごなしの否定論者に反駁したわけだが、その際、前掲の「予備演習」で軽薄と決めつけるのに用いた論法を駆使した……往々にしてその論法は昔の「人間の尊厳」をもって武装したもので、[一六世紀初頭にマジョルカとバレンシアの手工業者がカルロス一世に対して起こした]ヘルマニーアスの乱の後の社会情勢に対応するもので、論法の位置づけを新しい脈絡の中ではかるのも無益とは思えない。

実際、対話は「貴族の身分」(equestris dignitas)を想定して展開され、それによると「人間ではなく獣の判断力!」(non hominum sed brutorum iudicium!)、徳よりも紋章のほうが大事とさえする貴族に勉学は不要と言われるが、この姿勢は「人間に生まれ備わった本性」(hominis natura)の名において反駁されねばならず、文芸の本質はそうした本性を琢磨してゆくことにあるとする。望むものはすべて手中にあると豪語する騎士に対して、デシオの考えはこうだ。文芸の心得がなければ何もないのと同じ、文芸を身につけていればすべてを持っているのと同じ、なぜなら「本当に持つというのは、魂の帝国を正しく自分のものにすることによる」からで、「教理」があってこそ獲得される。読書ばかりしていると姿勢が曲がってしまうと言われ、確かにそうかもしれないが、魂が矯正してくれるのは言うまでもない。目が悪くなるというのか？　そうは言うが何世紀にもわたる壁を透視し、秘密の場に入り込む眼力が付与され、知力をもって万事を巡ることができるではないか（a VII–a VIII）。

ところでここでのデシオの提起は、複数の知的発想に対応し（たとえばストア派の「富めるは賢者のみ」（solus sapiens dives））、「人間の尊厳」の主動因たる「理解の遍在性と万能性」を忠実に復唱したものであることは明らかだ（キケロ他）。この理解の遍在性と万能性は「一四〇〇年代と一五〇〇年代ずっと」（E. Garin）[*83]称揚され続け、キケロやアスクレピオス、はたまたラクタンティウス、エメサ［シリア西部のホムス、古代ローマでエメサ］のネメシウス他のキリスト教教父たちによって広く伝えられている（特にA.J. Festugière）[*84]。そしてデシオはこのステレオタイプの論法を展開するのに着想から構文、語彙に至るまで徹底してこだわった「（読むことで）……（視線を注ぎ）、分別のレンズを介して深入りをし、丸一世紀離れたものを観察、奥まったところに潜入して奥義を凝視する、つまるところ心をもって全体を点検する［原文ラテン語］」（a VIII）。たまたま見つけた主張を借用して強引にこじつけたわけではなく、文芸讃歌は行き着くところまで行って、人間讃歌の古典的名辞（locus classicus）として『教育排撃論』をもって宣誓されたのである。デシオの主張は明快で、文芸ならなんでも騎士に、と言っているわけではなく、そっと教え諭し「人間的と呼ばれるように」（et humaniores appellantur.『書簡集』）する事に限定する。つまりこうしたものが理性と規則とを伴って国家の土台をなすというのだ。

人間の尊厳について同一線上で書かれたものといえば、他ならぬキケロの『神々の本性について』（*De natura deorum*）があり、社会を創り出し、人間と動物とを区別する精神と言葉の栄光とを讃えている。「［言葉の力こそ］正義、法、社会秩序のしばりで我らを結束し、残虐や野蛮から切り離した［原文ラテン語〕」(II, LIX, 148)。デシオが明言するところによれば、「人文学」(litterae humaniores)を修めることで騎士の発言に慎重さと品格が備わり、これは貴族が他の人たちより上であることを示す資質となる。「他の貴族にまさることをしなくてはならない〔原文ラテン語〕」(b iv)とし、この視点は、論争を孕んだ『教育排撃論』が、キケロの『神々の本性について』を踏まえたものであることを容易に見て取ることができる。人間が動物を根本的に越えた枠内で、言辞の技量をもって秀でることの素晴らしさを指摘する。キケロは言う。「動物を越えたところで、人間が同じ人間にまさる栄光はいかばかりか〔原文ラテン語〕」(キケロ『発見・構想論』*De inventione*)。

この主張はブロカールが口火を切り、デシオがより鮮明なものとして、それを継承するかたちで「予備演習」の中で繰り返された。〔詩人でユマニストの〕ファン・ペレス(65)(Petreius)はすぐれた散文を書き、素晴らしい詩人でもあるのだが、一五三七年にアルカラ〔大学〕で「予備演習」をまず読み上げ、人間を特別な被造物、「まことにすぐれた動物」(手稿より)として称揚するところから始めている。強調された一文は、紛れもなくピコ・デラ・ミランドラの『人間の尊厳について』の冒頭部分、人間の「大いなる……奇跡」(magnum ... miraculum)に呼応する。「人ほどすぐれたものはなにもなく」、「あらゆる讃美を受けてしかるべき生き物」、「疑いなく讃美される存在〔原文ラテン語〕」……。ファン・ペレスの主張は「研学の町」構想で、立派な国家のイメージを描いた上で、それ相応の「文芸の町」を構想したものだ。こうした発想には基盤として、人間だけが見せる重層的な特性への深い思い入れがある。「第一に大自然を愛で、その様を凝視した昔の卓越した人たち。身体が大きく素晴らしい動物を観察し、その人間という動物はいろいろなことを心得、認識する力と精神の力によって他の生き物にまさり、最高善に向かう愛によって導かれ、自分のほうから相互の友愛や規範に従った生活をする。（つまり、そうした古き哲学者たち（prisci philosophi）は、）共同体にとって最適な生活と人同士の最良の関わり方を皆で考えようと努力をした。人間の生活はお互いの助けあいがあって成立しており、他の人の助けもなく自分だけでは弱くて脆いものでしかない。その社会が（個人的ないざこざはあるにせよ）どうしたら持続して、堅実で楽しくなるかを（見極めようと努めた）。現実問題として、どうしたらそこに至るのか？　幸福とはなにかを見極めることだ。しかしながら人間の幸福は、まさにその固有の特性に賦与されたものを果たすことだ。すなわちそれは理性を駆使して磨き上げてゆくことにある。理性と知性を駆使することで、人は他の生き物の上に位置づけられ、それにより自由かつ存分に行動したり考察したりすることができる［原文ラテン語］」。我々は先にピコ［・デラ・ミランドラ］の言うことに耳を傾けたが、今度はジャンノッツォ・マネッティを「行動と思索に向けて」傾聴することになる。というのもマネッティも「人間の尊厳とすぐれたところ」に着目し、それを「行動のためと知性のため」という二元で捉えた人物だからだ（『人間の尊厳と優越について』*85）。

こうした趨勢があれば、当然のことながら、それなりの学究姿勢が生まれる。［ファン・］ペレスは人間を定義する糸口として、まず「最高善」（summum bonum）を目指す「素晴らしい動物」（admirable animal）とし、加えて「知力」（sapientia）と「雄弁」（eloquentia）が結びつく以上にすばらしいことはない、「そうなれば、まさに願ってもないことになり、人間にはこれ以上に神聖なことはない［原文ラテン語］」（80v）。つまりこの道、三科から四学、そして道徳哲学に向かって、魂は「不可視の領域」（ad ea quae non videntur）に上昇し、世界の創造者と父（mundi artifex et parens）にまで至る。一五三七年のアルカラ[・デ・エナーレス大学]で神学の分野が強調されたのは理解できる。ペレスが「文芸の学」(literarum studia)を讃えるというより、守勢に回らざるをえないと告白したのも故なしとしない(74)。(和解を目指したとはいえ相当の丁々発止を展開しながら)大学を揺り動かした論議を想起するのも無理からぬところだ。ユマニストは異端臭いと攻撃され、逆に古典的弁証法の名を奉じた上で「単純で古めかしい理屈」(simplex illa et antiqua disserendi ratio)(74v)を弄する「近代の」(moderni)神学者に向けて反駁する。しかし知識の倫理的かつ宗教的な展開が強調されたことを、単に[その時点での]状況がそうさせたのだと片づけてはなるまい。その伝統姿勢はルネサンス理論にあって際立つ。我々が論じているところと照合してみると、キケロ以来の「人間の尊厳」の系譜そのものの延長線上にある。すなわち、合理がいかにして天に入り込んで「神々の知るところになる」(accedit ad cognitionem deorum)かを論じ、それはピコ・デラ・ミランドラの『人間の尊厳について』に至って「讃美される」ものとしての人間が宣言された後、究極点として神聖なものを「凝視」(contemplatio)するとの位置づけがなされる(キケロ前掲『神々の本性について』他)。フアン・ペレスは、こうした聡明な道行きを一歩も踏み外そうとしていない。

同じく聡明をもって知られるフアン・マルドナド[66]も、一五四五年のブルゴスでの開講に当たって、正面から文芸を讃えるのではなく、反駁側の理屈に肩入れをせざるを得ない気持ちになったことを嘆いている(一五四五年写本)。彼の『小論』(*Oratiuncula*)は二点に絞られている。「文芸や自由学芸が生まれる以前の」人間の盲目、それに引き換え「芸術や文芸を知った後に」(ex artium et literarum cognitione)(59v)光が世界を照らした事実だ。彼の言うには、もともと人間は「宗教と呼べるもの」もなく、法もなく、誰の子かさえも分からぬまま、獣のように生きていた(J. Àngel González)。[*86] しかし、そうした野蛮な時代に神話がかった覆いをかぶせた上で、「人間は法令を発布して規律を身につけたからといって、過ちが減ったということは断固としてない」(60 および v)と主張する人物がいるにはいた。幻想を抱いた楽観主義者に対して、マルドナドは同時代史から(古代史からの例証を併せて)一つの論拠をもって反駁する。アメリカの島々や大陸に到着した時、スペイン人たちは野蛮な民族に遭遇した。彼らは「野蛮で生まれたまま、法規もなく」(ferino ritu nudi, sine lege)おぞましいとしか思えないものを食していた……。刑罰として、大自然は彼らから荷を運んだり畑を耕したりするための動物を奪い、そこに生息する猛獣の牙にさらした。当然ながら彼らは「文芸や立派な規律」(artes et bonae disciplinae)などとは無縁だった。そもそも規律と文芸のないところでは人は野蛮で、真に「人間的なところを欠いて」(humanitatem penitus exuerant)いることを常とし、これは普遍的な事実とされる。だが文芸や、それに連なる規律が「野蛮さを捨て去るのに」(ad deponendam feritatem)どれほど有益かを確認するには、近年発見された[新世界]インディアスで、すでにヨーロッパに勝るとも劣らぬほどのキリスト教徒がいることをみれば十分に納得がゆく(E. Asensio, J.F. Alcina)。[*87] それればかりか「野蛮さ」(posita feritate)を脱して、規律や文芸に専心する者まで台頭している。マルドナドの見解では、これは先住民に「資質がないのではなく、文化がないのであって、学習意欲や注意力がないのではなく、指導者や教師がいない」だけであることを如実に示すものだ。

ルイス・ハンケ[(67)]は『アリストテレスとアメリカ・インディアン』で、人の不平等と特定人種について回る奴隷制をめぐってスペイン側で勃発した論争を見事に論じている。この問題は当然ながら「人間の尊厳」と広くかかわる（A. Carreño および E. Garin）[*88]。しかしながら筆者としては、この問題とマルドナドの『小論』（Hanke 著 *All Mankind is One* 参照）を考慮に入れながら、ここでは「キケロと新世界の先住民」に関する（さしてまだ進捗していない）某章の触りを提示するにとどめたい。今まで要約した部分では、哀れな先住民は天罰により家畜が取り上げられてしまった、「馬、驢馬、牛など土地を耕すのに役立つものを自然が奪った［原文ラテン語］」とある。この一節を新世界に初めて馬が持ち込まれた時の驚きの様子、または荷を運んだり耕作に使われる家畜が植民地で果たした役割などのエピソードを読みたくなるのは理解できる。筆者としては、そうした見方を真っ向から否定するものではない。しかし筆者からすると、この一節は読書体験と実体験の双方を反映したものと思われ、「人間の尊厳」の一場面をすくい上げたものだ。我々の伝統に深く根を下ろした『神々の本性について』の中で、キケロは人間のすぐれたところを論じるのに、自然が人間に仕えるべく動物を作り出したとし、牛、ラバ、驢馬などの価値をじっくりと語る……。「動物は人間に仕えるべく創造された……牛はどうだ？　背中の形状を見れば、そこは荷を運ぶためではなく、首に軛、幅広で力強い肩に耕作具を掛けて牽くようにできている……ラバと驢馬が益するところを列挙するとなると大変なことになろう……」。マネッティはこの発想をさらに拡大して「我らの馬、我らのラバ、我らの驢馬、我らの牛」と呼びかけ、「六歩格詩」(68) 風に『詩篇』に合わせることも忘れない。「萬物をその足下に置き給へり。すべての羊そして牛……」（前掲『人間の尊厳と優越について』）。かくしてキケロもマネッティ、その他の連中も、人間を牛やラバと同一線上に並べた上で、理解力と言葉をもって規律に行き着いた人間の栄光を讃えるのに、いささかの惑いもなかった。

その方向を辿って、マルドナドが次のような宣言をするのは理にかなっていた。「我々が獣より上であるのは二点だけで、理に立つことができることと、話すことだ〔原文ラテン語〕」、よって規律なく生きるのは、もはや人間でなく、「人を……諦める」(humanitatem ... renunciare)(63v)のと同義になる。キリスト教社会分断の試みを失敗させたのは、他ならぬ学識者だったではなかったか。おしなべて異端の原因となったのは、聖と俗をないまぜにしてしまった野蛮と浅学そのものだったではないか(62v)。わずかな痴れ者が誤りを犯すことで文芸に反駁を加えるのは、低次元のわずかな神学者を拠り所にして神学を攻撃するのと同じくらい愚かしい。悪は学究する者の弱さにあり、学究対象にあるのではない(65v)(エラスムスと比較)。まことに文芸を志すことは、本性の最良の路を歩むことだ……なぜなら文芸というのは単に飾る、整える、輝きを与える、あるいは動物と区別するだけでなく、それ以上に人間であることの真の試金石をなすものだからだ。「すでに教育を受けた若者、これから受ける若者よ、ひとり文芸だけが真に人間たることを示すことができるとの基本であり哲理であることを片時も忘れてはならぬことを心せよ」(66)。この考えは「人間の尊厳」と「フマニタス研究」、人間の昔の理想像と、ユマニスムが提起して時に成功を収めた教育革命との一致点を集約している。

近似が偶然だったにせよ、両分野の一致する部分をもっとも的確に提示し、共通分母を一番分かりやすく説いてみせたと思われるのはフランシスコ・デシオの『バレンシアの諸学と学院讃』(*De scientiarum et academiae Valentinae laudibus*)で、一五四七年に発表されたものだ(手稿)。これはカルロス一世時代のスペインのもので、筆者が発掘できた開講「講話」のうち最後のものだ。以下では際立ったところを少しく記すにとどめる。「まず最初に」(Primum omnium)とデシオは筆を起こし、人間は生き物の中で唯一理解をし、望みをいだき、識別し、予見し、頭を使うべく、神の姿に似せて創られたとする。他の動物たちはひたすら特定の本性に縛られている。ところが人間は判断力と理性をもって、自分の道を選択することもできれば、その道を捨てて他の道に乗り移ったり、後退することもできる。要するに変更が可能だ。理性が空っぽの人間を想像してみよう。これ以上ひ弱で「脆い」(imbecillius)ものはなく、逆に理性で武装した人間以上に強いものはない。ライオンは鉤爪と逞しさ、鹿は長寿、山猫は鋭い眼を授かった。虫けらでさえ人間にまさるところありだ!(リコ『ペトラルカの生涯もしくは作品』[*89])。しかしながら、かくまでも弱く「ガラスのようでしかない」(tam vitreo)人間には理性と言葉が与えられている。そしてその「両者をもって、他の動物に備わったすべての力を同時に受けた[原文ラテン語]」。となると人のことを世界の縮図、「小さな世界」(quidam parvus mundus)(7‒8)とみなすことができる。

これと同系の発想で文学的な味がたっぷり込められたのがルイス・ビベスの『人の寓話』(*Fabula de homine*)(リコ『人間の小さな世界』参照)で、同書に鼓舞されたデシオは、ビベスをバレンシアの最高の誇り、「ビベスという永遠の被造物」(viventem perpetuo Vivem appello)(17)と持ちあげる。人間の本性は最初から特定化されているものではなく、あらゆる被造物を勘案して、いかような生き方も自由に選択できる可変性を持つのが、人間の傑出したところとする。ところでデシオとビベスにはピコ[・デラ・ミランドラ]の『人間の尊厳について』に通じる発想があり、[P.O. Kristeller が言うように]「人は自分に普遍的に備わった本性と、他のあらゆる生物に備わった能力を共有する」(*Renaissance Concepts of Man*)ことを強調したうえで、三人は「人間の尊厳」を讃美する中で、ルネサンスが熱狂をもって受け入れた実に古くからの考えを堅持する。それは何かというと、人間は小宇宙であり、神の似姿ということだ。

デシオは続ける。なるほど人間は牛ほどの力もなければ、馬ほど速くもない、だが牛も馬も、それ以外の動物同様、人のために働く(この論述自体は、もはや取り立てて新しいとは言えない)。よって理性を適切に働かせることをもって人は地上を支配し、心は神に「似せられたもの」(effigies)であるがゆえに、心で創造主に近づく。文芸と知識をもって知力を増せば増すほど、それだけ主に近づく。言葉を磨けば、それだけ獣との距離が広がる。そうすることで、より人間らしい人間になる、「よりしっかりと話して理解をする者が、人となる」(9)。そこに決定的な特徴が加わる。つまり規律と共に礼を尽くすことをもって、世界が我々のものとなるだけでなく、我々は神々のようなものにさえなろう、「規律は人を生かし、死後には神のごとくになる」(10)〔上記引用はともに原文ラテン語〕。それはキケロの着想からマネッティが記した「死を免れぬ神のようなもの」(quidam mortalis deus)、ピコが評釈した聖書の「汝らは神なり」(dii estis〔「詩篇」82篇6節〕)(『人間の尊厳と優越について』他参照)だ。つまるところ、これは「人間の尊厳」の最上位のモットーをフマニタス研究、「諸学の尊厳」(scientiarum dignitas)に合わせたものだ。だがここで決定的な点に注意しておこう。それは「野性」(feritas)からの乖離と「神性」(divinitas)への接近の駆け引きとしてのフマニタス(humanitas)の理念、無数の可能性が張り詰めた状況としてのフマニタスの理念だ。その可能性を最高に実現するには規律をもってすることだ。デシオは次の視点も決して忘れない。つまり、高みから現実の市民生活の次元に降りて、大学は人間であることを買うことができる家、「我らは動物のごとく生まれ、ここで我らは人間ならしむるものを手に入れる〔原文ラテン語〕」、真実の人間の表象を手に入れる、「人としての装飾」(humanitatis decora)を身につけるのだと言う(24)。

これ以上広げるには及ぶまい。実際のところ題材が広すぎて、〔本来なら〕スペイン・ルネサンスに関するモノグラフィックな研究を延々と連ねるしかあるまい。だが(今の段階で)ここまで言及を抑えてきた開講講演に触れずじまいにするわけにはいかない。一五三〇年の聖ルカの日にアルカラ〔・デ・エナーレス大学〕で行われたロペ・アロンソ・デ・エレーラ[69]の『講話』(*Oratio habita in Academia Complutensi die Sancti Lucae ab humanitate Verbi*)がそれだ。敢えて言うのだが、これを後回しにしたのを筆者は申し訳ないとも思わなければ、これを最後に持ってきて、時系列を守らなかったことを間違っていたとも思わない。この小品はよりによって人間の文芸を讃えるどころか、徹底的に排撃していて、神の文芸を讃えるものだ(Gallardo, Menéndez Pelayo 等)。具体例を二、三見れば、なぜエレーラが次のような訓示をもって結語としているか分かるであろう。「我々の胸の一部に他の学問を受け入れ、その瞬間から聖なるキリスト教神学の研究が、我らにとって〔本当の意味で〕聖なるものとなりますように……」(K III)〔以下、エレーラの引用原文はすべてラテン語〕。

先に確認したように、規律をもってする人間の特性(humanitas)は原理的にも「野性」を離れて大地を征服し、「神性」(divinitas)に近づくことで「一種の神」(quidam deus)になろうとする様態(差別はなくとも度合いの差はある)として受け止められる。エレーラがこの説明を逆転させるのに迷いはない。アダムにまつわる話が一番際立っている。〔人類〕最初の両親に向かって知恵の木から食を得るよう誘う悪魔の約束は、まさに「神の如くなりて」(Eritis sicut dii.「創世記」3章5節)だった。アダムとイブは悪の誘いに乗り、人間は被造物の中のほまれ高き場から、自分が「愚かなロバになぞらえられ、それに似たものとなって」(「詩篇」48篇13節)〔原著者のここでの引用はウルガタ聖書に依拠〕、不死という正統な「神性」を喪失している。主は「樹に触れなば、死ぬべければなり」(「創世記」2章17節と比較)と威嚇した。かくして愚かしくもアダムが新しい知の道を開こうとした際、「大胆にも認識への新しい道を探っていった時」、うかつにも既知のものをすべて逃してしまった。「まさに知っていたものを失った」〔同〕。それにより物事に命名していた「叡知」(sapientia)(当然ながら文法)を蔑み、イブに捧げられた神聖このうえない詩を睥睨して(「創世記」2章23節)、自分の無知を棚に上げて、知ることができないものを知ろうとした、「分かっていたことを分かっていなかったとして、かなわぬことを知ろうとした」。神となることがなくなっただけでなく、さながらラバにまでなりさがって、ただの動物と化す。「〔神に〕〝等しく〟ではなく、愚かな〝家畜同然になった〟。つまり名誉を失って荷物運び、司令の立場から遠ざけられて下僕になった。これにより物事を知り、神になりたいと念じて人を蔑んだ者が、愚かにも学問の対極に走り、人間どころか畜生となった」(B vii–C iv)。

　あきらかにエレーラは学問が「野性」を目指してしまうのを、楽しみながら排撃している。文芸が社会を確たるものとして、よって人間の本質が一番目指すところを満たすとの思いに我々は躓く。それに対して我らがエレーラに言わせれば、文法学者、修辞学者、弁証論者あるいは哲学者の間で交わされる熾烈な論争を見れば、博学の士こそ家畜以下であることを知らされる。「動物のほうがずっとおとなしくて静か……」(Mitiores quippe facilioresque multo sunt belluae...)(D iv)。筆者は「哲学者」と言ったか？　ロペ・アロンソ〔・デ・エレーラ〕の父親〔Hernando〕は「反アリストテレス八考」で有名になった人物だが、エレーラは情け無用の言葉をもってプラトンに食ってかかる。〔こうなると〕プラトンは「アカデミア」に引き籠もり(というより自分で逃げ場を作るしかなかったのだが)、アリストテレスは「リュケイオン」〔アテナイにアリストテレスが開いた学園〕に逃避し、詩人たちは仲間を避けて森の奥に孤独を求める……。ともかく、こういうものを知恵と呼ぶわけで、ふと思いつきで神性に近づき、実際には人間的な中身も空っぽのまま獣になる。「おお、叡知よ、その名をもってするだけで神聖なるもの、獣や山嵐の住む岩と触れるのみなれば、人間臭きところいくばくもなし〔原文ラテン語〕」。「人を排除して」(exuta humanitate) 山や森や人影のないところをさまよう勇敢な「知者」よ! 自分の仲間のためにも自分のためにも知を生かせぬ者が、いったい何を知っているというのだ。ピコの『人間の尊厳について』の中で、神はとても大事な選択をするように迫る。「おお、アダムよ……お前は獣のように下等なものに堕落できもしよう。お前の決断一つで、神聖なる高い現実のうちに再生することもできよう」(*Oratio...*)。エレーラの「講話」では、おしなべて文芸から野蛮に落ちてゆく人間をなじる。「汝! 善人たる者! 我は汝が人たらんことを望めど汝は獣と化し、我は汝が理を分かつ者とせしが、汝は理もて決する者たちから逃れ、我は獣に勝る力を汝に与えども、汝は獣と手を組めり〔原文ラテン語〕」(II ii および v)。エレーラはピコを踏襲している、と人は言うかも知れない。だが哲学者や詩人たちは「下等なものに堕落する」のを選ばなかったわけで、その点では、この理解は誤りとなる。

かくしてエレーラは「文芸讃歌」の反面を書くことをもって、「人間の尊厳」に関わる諸事項に揺さぶりをかけた。それを検証することは、両者の相似と関係性を確認することと同義だ。本書で辿ってきた帰結として、それでよいかも知れない。文芸讃歌と人間讃歌は本質的なところで密に繋がっていて、片方に手を加えれば、もう片方も動かさねばならない。そして本書が駆け足で全体像を俯瞰せんとするとは言いながら、それだけでは答えが不十分の誹りを免れまい。またエレーラの「文芸に対する」反駁は、お決まりの讃美と突き合わせることなくして理解できぬと言おうが「これまた」答えにならず、結果的にお決まりの讃美に肉付けすることに終わる。スペイン・ユマニスムの領域を徐々に特化してゆこうとした時、エレーラの「講話」に別の角度から光を当ててみるのがよい(広大な領域をわずかの行数で片づけるのはかなわぬ話なので、以下はほんの触りにとどめざるをえないが)。

別の箇所に飛ばずとも冒頭に冠された書簡で、「講話」の目指すところが分かる。「講話」は単なる逆説を狙ったものではなく、むしろ論議を展開しようとするものだ。たとえば主張の本体は「フマニタス」が「教養」と相容れないとしながら、序文では「文芸の知識と教育」の主項目のうち当たり障りの少ないところから始めている。つまり対話、「話法」(orationes)、詩、「研鑽」(lucubrationes)、文献学的注解……、エレーラが「フマニタス研究」と言う時、凡庸な意味で言っているのではない。事実、これに続く「予備演習」を読めば、外から入っているユマニスムの内容と実践がスペインに根を下ろさないことによるフラストレーション、慙愧の念が込められていることが手に取るように分かる(A II および V)。だが、彼のこうした主張が、希望から生まれてきたものであることも理解される。もし手を貸してもらえるならば、没落の後を受けて素晴らしい文芸が復興し、「我らの下降した状況から、より豊穣な文芸が復興するように「原文ラテン語」」(A III V)なるとの希望だ。そして文芸への積極評価が、この小冊巻末にバランスよく記されている。

ミューズにみごと雑言を浴びせし者とあらば　読者よ
In Musas potuit qui talia dicere, lector,
ほめ讃えて言うに　いかばかりと　汝は思いしや？
Dicere pro Musis quid potuisse putas?
（推定エレーラ作）

となると脈絡《コンテクスト》がテクストそのものと符合しない枠組みを作ることになる。実際のところ、文化、なかんずくユマニスト系のそれでは、正反二重の議論がよく展開されていた。たとえばサルターティにおけるカエサルへの正反両論、サルターティの周辺での修辞学への両論、レオナルド・ブルーニにおける古代人への両論等々、「〝道徳的〟次元では説得力がありながら証明技法の論理に阻まれたり、厳密に〝形式的〟な理由から反駁を受ける」(E. Garin 他)こともあった。[*90] エレーラはこういう場に自らを置き、文芸を両側に(in utramque partem)見据えて気配りをしていた。冒頭と結語で文芸を積極視点で眺望し、当の「講話」で称えることを是とする。本質的な点として、批判する自由を担保することを強調したのである。「心の向きによって文芸を享受してそれを薦める」、「自由であることを感じる」(sentire libere)(B vi)。[*91] このような状況下で、「〝可能性〟と〝蓋然性〟の狭間で動きつつ、証明するよりも論考を進める[原文イタリア語]」(C. Vasoli)ユマニスム特有の推論法を忠実に守りながら、エレーラは「講話」の主要部分で、対象素材に潜在しうる否定的視点から文芸への攻撃を展開した。しかしその否定的な見かたは肯定的な見かたを孕み、かつそれを前提としていた。

実際のところ少しく時代を知る者からすれば，エレーラほど芸術感覚に溢れ，まさに洗練を極めた美しいラテン語の使い手が，文芸を正面切って批判するはずもなく，それがありえないことなのは明々白々だった。エレーラの論法は修辞学（雄弁術）の系譜を引き感動させ，「心を動かす」（animos impellere）。つまりそれは「形式的」ではなく，「道徳的」修辞であって，「古くからの論述」（antiqua disserendi ratio）に徹底してこだわり，当時，フマニタス研究に本当に敵対したアルカラの連中たちが発していた無味乾燥な三段論法の対極を行くものだった。言葉と思想の双方でエレーラが文芸（と哲学）に鞭を当てると言っても，それはユマニスム一流のやりかたであり，実際にはそれを涵養している（かつ革命的な哲学手法を実践している）のであって，「文芸の側から」神学と人生に関わる聖書学の最上知に向けて躍進しうることを開示している。

こうした視点からすると，エレーラの「講話」が，我々が起点としたネブリハやブロカールの構想，続けて管見していった文芸讃歌の写し絵となって見えてくる。文芸はあらゆる有益な知識への戸口であり，まったき文化を構築するための道具で，これは他の道具をもって代用することはできない。ネブリハとブロカールは聖書の十全たる理解にいたる出発点として文法を据えた。ファン・ペレスは「雄弁術」（eloquentia）から「最高善」（summum bonum）を極める。デシオは言語の規律を介して我々を神性へと誘う……エレーラは伝統の多義性（variatio）を駆使しながら，指標を大きくするべく起点の位置を下げる（その過程で「人間の尊厳」の論拠の整備をしなくてはならない）。しかしテクストとコンテクストの無数の要素から，彼もまた「敬虔の学」（studia pietatis）（R. García-Villoslada 他）への道は「人の軌轢」（humanitatis fruges）を通ることを承知していたことを，我々ははっきり見てとることができる。

まさに一五三〇年の「講話」の如き「軋轢」だ。フマニタス、それは「教育・教養」(paideía)と同時に、被造物の尊厳の称号なのだ。

差し当たり、これ以上進むことはするまい。通常の「讃美」(laudes)とエレーラ特有の罵倒とを融和させたイメージをもって、こと足れりとしよう。つまりそれなりの実体(さしあたり三科と四学と呼んでおこう)を核として規定されたユマニスム、ただし、それは成長をとげ、いかなる領域をも侵略し、あらゆる知への手段として躍り出るだけの構えができている(ガレン『新時代』[*92])。その構図は複雑をきわめ、正反双方の多彩なニュアンスで満ち溢れ、いまだ多くが未開拓のままになっている。研究が進捗を見せた暁には、ぐんと広げられた(問題提起を伴う)スペイン・ユマニスムの理論的なパラダイムを組み立てねばなるまい。だが私見では、その拡大化されたパラダイムにあっては、「文芸讃歌」(laudes litterarum)と「人間の尊厳」(dignitas hominis)の呼び声とが、刮目さるべき要素として生き続けることとなろう。

補講2 ポリツィアーノの光と影　一五二五年前後

――エラスムス、ビベス、ビュデ――

ヨーロッパの記憶の中でポリツィアーノ〔訳注(13)参照〕はイタリアの空をきらめきながらスーッと横切る星のごとしだ。その星は一五〇〇年代に入っても彼方で輝き続け、時の知識人を魅了し続けた。当時、最初のユマニストからジャコブ通り(rue Jacob)のつましい書店主に至るまで、彼を形容するのに一再ならず使われた語は他ならぬ「英雄」(heros)だった。書店主フランソワ・ルニョー(François Regnault)が〔アンジェロ・〕アンブロジーニ〔・ポリツィアーノ〕のすぐれた書簡集を出版するにあたって、『練達聡明にして、博識なる英雄アンジェルス・ポリツィアーヌスの書簡。後代の粗暴なる青年に大いに資するべく周到に小冊に纏めたもの、よって我は本書を提要と呼べり……』(*Doctissime illustrium virorum epistole, quas severe* ille eruditionis heros Angelus Politianus, *rudi iuventuti gratificare cupiens, succisivis temporibus in parvum volumen et ita dixerim enchyridion concinnavit...*)の言葉をもって〔一五一〇年に〕公刊すると、エラスムスは衝撃のあまり「万人の認める英雄の中の英雄で、追従を許さぬエルモラオ・バルバロとアンジェロ・ポリツィアーノ〔原文ラテン語〕」(エラスムス『書簡集』*Opus epistolarum*, II, 460)と言う他はなかった。

この言葉には最大級の強調が込められている。ポリツィアーノが「英雄」と呼ばれる所以は、彼が文筆家で博識であるばかりか類稀な存在で、神々に選ばれ、時代の華のうちに生涯を閉じ、当初からその存在が神話のヴェールに包まれていたからだ。そのヴェールなくしては、ポリツィアーノの運命は恐らく別のものとなっていたであろう。いずれにせよ、神話がかった英雄は通常の人間とは根本から格の違いを見せ、桁外れの情熱や目的意識に突き動かされてゆく。よってエラスムスは上記のような熱っぽい賛辞を駆使しておきながら、ポリツィアーノや「作品が平易で多作の」(literaturae facultate copiaque)バルバロ［訳注(44)参照］よりもギヨーム・ビュデ［訳注(42)参照］のほうが逆に遥かに(longe)まさるともする。フアン・ルイス・ビベス［訳注(11)参照］の言葉はもっと辛辣で、［ビュデの］『古代貨幣考』(*De asse*)は「エルモラオ、ピコ、ポリツィアーノ、［テオドロ・］ガザ、ヴァッラといったすべてのイタリア人」(IV, 274)に赤恥をかかせるほどだと言う。こうした状況は［一五一七年に完成した］多国語訳聖書、［カール五世＝スペイン国王カルロス一世が一五二一年にルターを異端者とした］ヴォルムス(Worms)勅令、ローマ劫掠の時代のことであって、遠いアーニョロ［Agnolo=Angelum、ポリツィアーノ］の光と影をなすものだった。

こうした讃美と批判との錯綜は、なるほど均衡とは程遠い状況を物語るものではあるが、ポリツィアーノ研究の趨勢の検証が、実態をよりつまびらかにしてくれるのではあるまいか。おなじみのピーター・ゴッドマン[70]の従来の指摘に、我々は異を唱えることはしなかった。「昨今の学術研究はポリツィアーノの主に二つの面に焦点を当ててきた。彼の文献学……それと母語による詩」で、一般的には「ポリツィアーノの業績の核をテクスト・クリティシズムと聖書釈義とみる揺るぎのない前提」［共に原文は英語］をもって出発する。これは歴史の複雑な実相と、われわれの好みや限られた範囲内でだけ有効とされる研究方向とをごっちゃにしないための賢明な警鐘だ。

今日ポリツィアーノ像で有力なのは、主として古典文献学者と俗語詩人としてのそれで、尽きるところ好みや好奇からの見方であろうが、それなりに「土台となっているもの」(impostazione)に背くことはできない。ところが一六世紀のヨーロッパにあって、ポリツィアーノで一番読まれ、讃えられ、そしてとりわけ影響力を持ったのは散文著述家、「書簡集」の執筆者としてのそれだったのは寸分の疑いもない。かなり細かく網羅した文献の示すところによれば、図像や標語を援用した「模倣」(imitatio)論が広く受け入れられたことが知られる。だがそうした理論的提示も、彼の文体やマニエリスム趣向の実践を思えば、未だ書かれざる壮大な一章(シルヴィア・リゾの執筆を願いたいところだ)[71]のほんの脚注の域を出るものではない。詩人ポリツィアーノは詩文の大海にあっては一滴にすぎずとも、散文家としてのポリツィアーノなくしては、ヨーロッパ・ルネサンスのラテン語による文学は、今日あるものとは異なっていたはずだ。さらに言うなら、その落差は俗語文学で一層大きなものとなったに違いあるまい。

実際のところ危険なのは、限定的視座が正しく有益なものであっても、［所詮は］断片的であるのに、逆に［真の］意義を持つ全体的かつ広範な展望とすり替わってしまうことだ。筆者のように「汎ヨーロッパのポリツィアーノ像」を展望集約するのに腐心し、彼を時間枠に置いて把捉せんと意を決した者からすると、若きスカリジェ［訳注(12)参照］に関するアンソニー・グラフトン[72](Anthony Grafton)の二巻本を座右の書としなくてはならない。資料的な裏づけ、構成それに筆運びも非の打ち所がない名著

『古典学術史研究』[*Joseph Scaliger: A Study in the History of Classical Scholarship*, Oxford, 1983-1993]がそれだ。近年、ポリツィアーノのことを一五二〇年前後に高く評価されるようになった文献学者として教場で唱えられ、大学がその傾向の出版物を出すようになっているが、グラフトンの好著を一五〇〇年代のヨーロッパにおけるポリツィアーノの立ち位置を遺漏なく説明したものと片づけてしまうとしたら、我々は誤謬を犯すことになろう。

「ポリツィアーノの比較論の真の成果」の恩恵を受けたのはアルドゥス・マヌティウス[73]、ベロアルド、あるいはジロラモ・アヴァンツィオ[74]である以上に、「エラスムスと同世代の北方の者たち」だったとするグラフトンの視点は正鵠を得ている。理由は「イタリアではとうの昔に解決済みだったのに、後者にあってはラテン文化がギリシャから得るものはなかったとみなす輩と、あらためて戦わねばならなかったからだ」。彼と同じ視点に立てば、「エラスムスは異教文書に関わる仕事でヴァッラ[訳注(2)参照]を範としなかった。文献学の模範的な研究として、彼はヴァッラのイタリアではなく、ヴァッラのすぐ前の世代のイタリア、すなわちアンジェロ・ポリツィアーノ、エルモラオ・バルバロ、そして年長のフィリッポ・ベロアルドのイタリアを見据えていた」とするも故なしとしない。ギリシャ・ラテン文献学でそれなりの技法、方法論をもってする「古典学術史」の枠内にあっては、こうした断定も正しいと言えよう(グラフトンは編集者としてのエラスムスを論じていないが、前掲J. D'Amico, *Theory and Practice*...参照)。しかし、より広範な文化史、古典の伝統、もしくはイタリアやヨーロッパのユマニスムの歴史の枠組みからすると、かような理解は間違いとなろう。『ユマニスムからヒューマニティーに向けて』(*From Humanism to the Humanities*)や『新しい世界、古典テクスト』(*New*

Worlds, Ancient Texts）の著者〔グラフトン〕の視座とはいかんせん相容れない。実際のところ、エラスムスや当時を代表する知識人たちは、ポリツィアーノから受け継いだ手法を、まるで別の発想と目的で操作しており、フィレンツェの伝説的「英雄」〔ポリツィアーノ〕の手法ではなく、ヴァッラに沿った方法で「異教の文書」に対峙していたのだ。

　エラスムスが目指したユマニスムの基本プログラムは、専門家に限定して納めるものではなかったこと、古典文芸を復権させることで新たな文明を達成する意味あいがあったのを、筆者は本書〔第10章まで〕で広範に論じた。ここであらためて問題の根幹に立ち返ろうとは思わないまでも、問題を回避することもすまい。方法としては、筆者の狙いに素直に合わせて、傑出した「エラスムス世代の北方の人材」に語らせ、彼らが〔実際のところでは〕ポリツィアーノを師と仰ぎながら、みずから距離を置いて、明確な一線を引いていたのを見て取ることだ。

　〔エラスムスの〕『書簡集』では栄光のイタリア人〔ポリツィアーノ〕への言及がいたるところに見られるものの、興味深いことに、ポリツィアーノのしたたかな見解や貢献に立ち返ることは稀で（具体的にはテクスト一点で、それも袂《たもと》を分かつためのものでしかない）（『書簡集』VI. 205）、むしろ彼の漠とした文学嗜好だったり、人物素描にとどまっている。エラスムスが想起するのは、天賦の才に恵まれた快活な宮廷人として輝いた時の彼、そしてまた夭折した不遇の彼で、「洗練された」(politissimus)との形容をもって褒めそやし、文芸の最高峰の一角をなすと判を押す。中でも上品な文章家であることを讃え、「ポリツィアーノの語りを凌ぐものなく」とまで言う。エラスムスからすると、ポリツィアーノが見事な散文家、気品を絵に描いたような人物と映ったのは確かだ。言葉を巧みに操ること、見事な文体については〔エラスムスは〕『書簡作法』(*De conscribendis epistolis*)や『キケロ派』の中で執拗なまでに言及し、『文章用語論』でも時おり触れている。それに比して、他の面では彼に本当に負うところありとする箇所はほとんど見当たらない。唯一、『格言集』絡みで、どうしてもポリツィアーノに当たる必要があったと告白している。「私が未読の著述家幾人かを彼は読んでおり」(IV, 429)、格言を用いるのは「教師」(grammatistae)に限られるものではないと敢えてことわり、さもなければ自分は格言を「確かで優れたものをすべて『雑纂』に」(*Miscellaneis* suis, in quibus nihil non exactum et insigne voluit videri)(I, 294)盛り込むようなことはしなかっただろうとする。そして『格言集』の中では十数回、出典明示のため、または些細な問題を明証するべく、はたまた彼の言葉によれば「元の……ギリシャ語」(Graeca verba ... ex archetipis)と差し替えるためだけに引用している。

編纂作業をあれこれ進める中でポリツィアーノから吸収し得たかもしれないこととは別に、エラスムスはポリツィアーノから有益な資料と刺激を得たことを認め、彼の散文の素晴らしさには無条件に脱帽していた。しかしエラスムスとこのフィレンツェ人〔ポリツィアーノ〕の相関を考え、もう少し腰を据えて原文を読んでみると、オランダ人〔エラスムス〕は、その相関を決して本質的なものと見てはおらず、単に形式、皮相的なこととしか見ていなかったことが容易に分かる。我らの著述家〔ポリツィアーノ〕への最大級の賛辞を惜しんでいないのを確認したところで、今一度脈絡の中に据えて眺めてみることにしよう。〔一五世紀後半から一六世紀前半、ドイツの法学者〕ウルリッヒ・ツァシウス〔Ulrico Zacio, Ulrich Zasius〕宛の書簡に見られるもので、エラスムスの深い学識と名文とがポリツィアーノを連想させる。「だれよりも傑出した才能に私は感服した。ポリツィアーノに向けられたあらゆる賛辞や口上、親愛なるツァシウスよ、彼が身に纏った栄光、溢れんばかりの讃美は、君が受けてしかるべきもの[原文ラテン語]」(II, 26)。要するに、ポリツィアーノの価値は表面的なもの、言葉遣いの魅力、結果的に二次的なもの、エピソード的なものにとどまるというわけだ。

エラスムスの文体にポリツィアーノの痕跡を見てとることができるのは、かような状況を了解した上でなくてはならない。エラスムスは意表を突く文語、古語、ギリシャ語系の単語やギリシャ語特有の言い回しを用いて大仰な文章を綴ることがよくあるが、こうした「周到に練られ錯綜した表現」(ビュデの形容)が、彼[ポリツィアーノ]とバルバロの流れを汲むものであることは明らかだ。しかし「そもそも」かく指摘される影響そのものも表層の域を出ない。一四〇〇年代を生きたこの二人の場合、異国趣味の語彙や凝った用法の多用は主に衒学の印であり、通暁した者に向けたパスワードのようなものだった(S. Rizzo の論考参照)。エラスムスはこの類の虚栄と無縁ではなかったが、彼の散文に見られる折衷手法は、はるかに深い構想に基づくものだった。つまり自分がなににも増して盛り込もうとするキリスト教を論じる際、ラテン語特有の表現様式の縛りに不可避的に感化され、「模倣」(imitatio)は「調整されたもの」(composita)となる。さもないと「適切」(aptum)、「品位」(decorum)、「時代の要請」(ratio temporum)に背くことになってしまう(G.W. Pigman III)。[*93] なるほどエラスムスの文体がポリツィアーノに大きく影響されているのは確かだが、その類似性の根幹を糺すと、かなり底辺を異にしている。つまり一方は享楽的性格を持ち、教育者然として、専門的であるのに対し、もう一方は教義性、宗教性、歴史性が勝っていた。

人間がいよいよ主軸となった社会で、神の言葉を復興させることに専心したエラスムスは、この上なく革新気運に溢れて進んだ世俗文化に相対し、当然それを極力昇華させ、時代に即させる。ポリツィアーノはフマニタス研究において非の打ち所のない方法論を用い、それまでの古典文献学を最高レベルまで押し上げ、エラスムスはエラスムスで、ポリツィアーノの手の内をいとも当然の如く継承した。加えてポリツィアーノは古典文献学を自己完結的なものと理解したのに対し、エラスムスはポリツィアーノを一個人、専門研究者、名文家として心から讃美しても、そこで完全に袂を分かつ立場を取り、ロレンツォ・ヴァッラに接近し、とりわけ総体としてのユマニスム構築を志向した。というのも本来的にユマニスムが目指したのは、ポリツィアーノが目論んだ単なる文献学を伝授することをもってヨーロッパを変革するのではなく、ヴァッラのように、文献学、雄弁術(eloquentia)の多様な可能性を示し、人間に似合ったあらゆる知や行動の基盤や構想を練ることだった。エラスムスが企てたのは、時代の高さの手綱を今一度取ることに他ならなかった。そしてこれはそれまで幾度となく頓挫してきたことだった。

エラスムスの著書で、ポリツィアーノの存在が一番色濃く出ているのは『格言集』であることを先に見た。しかしポリツィアーノが[実はもっと]本質的なところで[エラスムスに]影響なしと断定できるだろうか?　確かに一五〇八年の[一四九四年にヴェネツィアにアルドゥス・マヌティウスが起こした印刷所による]アルドゥス版には、格言の一つ一つに注釈が施されていて、それらは一見して[ポリツィアーノの]『雑纂』(*Miscellanea*)の幾ページかと照合することができる。しかし著書がアルプスを越え、一五一五年にバーゼルでフローベン書店から刊行された時、すでに七年越しで抱えていた種子と萌芽が、放埒なまでの樹木となって花開いている。[エラスムスが『格言集』に採録して有名になった]「戦いは知らざる人には甘美なれど」(Dulce bellum inexpertis)の格言の用例が、資料的に［四世紀の軍事論者］ウェゲティウス(Vegetius)や［古代ギリシャの詩人］ピンダロスにある程度裏づけられ、これに通じるものがホラティウスにあったとしても、それは［以後の］キリスト教社会、戦争と平和、その他近々の大問題を、長期的かつ熱っぽく検証する予兆のようなものでしかなかった。(いわゆる)格言『アルキビアデスのシレノス』(*Sileni Alcibiadis*)はそのタイトルのままで公刊されたが、後に広く伝わって、宗教、文化、あらゆる現実に対するエラスムスの視点をもっとも如実かつ効果的に示すものとなっている。新しい世界を前に、ヨーロッパ全体が二つの主張で揺れ動いた。なるほど素地としてギリシャの著述家たちがいたが、ポリツィアーノがエラスムスに伝え、読む手ほどきをした著述家たちの著作は［その時点でのエラスムスは］未読だった。出発点となるのは古典文献学とすぐれたプレゼンテーションだったのだが、原素材はポリツィアーノとはまるで違った方向に［エラスムスを］向かわせた。

ポリツィアーノの行き着くところは、エラスムスの各種手法、もしくは「戯れ」(divertimenti)にとどまった。一致するところがあっても、それは文言にとどまり、心に分け入ったものではなかった。この点で内容および言及箇所からして、実に鮮明にエラスムスの視点が表出しているところがある。［自分が編んだ］新約聖書に冠された序文で、これは一五一六年に完成し、それまで自分が辿ってきた行程を集大成したもので、そこにはまぎれもないヴァッラの影響を見て取ることができる。「これは敬虔の書、キリストの書である。よって徳いと高き読者よ、本書を読むにあたって、あらためて耳を傾け、キリスト者としての心をもたれよ。才知の冴え、弁舌の力、深い学識を慮って、［アウルス・］ゲッリウスの『［アッティカの］夜』やポリツィアーノの『雑纂』を試金石として読むごとき感覚で、本書を手にすることなかれ［原文ラテン語］」(II, 171)。

糾弾を目論んだものではないのは確かなのだが、違いを明示し、できるだけ角が立たないようにして、それでいて意識的に距離を置いていることを明言する(J.C. Margolin 編ビベスの『書状執筆論』*De conscribendis epistolis* 参照)。というのも一般論として(in linea di massima)福音書に冠する序文に、長けた才知、爽やかなる弁舌、多彩な学識の試金石(『格言集』*Lydius lapis* の項、487)としてゲッリウスやポリツィアーノをわざわざ引き合いに出すことに、どれだけの意味があるというのか? エラスムスとしては、こうしたことが評価されるのを是としても、自分の目指すところでないこと、もしくは副次的なことでしかないことを、いち早くはっきりさせておく必要があった。「主眼としたのはテクスト・クリティックや聖書解釈学ではなく」、彼の知的活動の枢軸は別のところ、「天の御言葉」(sermo ille coelestis)(II, 185)にあり、その目標に到達する、その「御言葉」を自分のものとするためには、他のすべての「わざ」は補助的でしかなかったのである。

当時の「フマニタス研究」(studia humanitatis)の大物たちも、同一もしくは同類の発言で軌を一にしている。先に筆者はエラスムスと並列させ、さらにはポリツィアーノと照合するかたちで、ギヨーム・ビュデとファン・ルイス・ビベスを引き合いに出した。スペイン人［ルイス・ビベス］はオランダ人［エラスムス］宛の書簡で、フランス人［ビュデ］を「全イタリア」(cunctamque Italiam)を束ねたイタリア人［ポリツィアーノ］をも凌ぐと持ち上げるのにやぶさかでなかった。エラスムスと［エラスムスに先行する］同国人に関してビベスが記すところを見てみよう。「我々や親の時代にあってはロドルフス・アグリコラ・フリシウス(Rodolphus Agricola Phrysius)以上に読まれ、手に取る価値のある著述家はまずいない。彼の著書には才知、芸術性、判断力、荘重さ、優しさ、雄弁、博識が盛り込まれている。ところがポリツィアーノ、エルモラオ・バルバロほどには、傑出した人物として世界的には知られていない。だが私見では、威厳と優しさに溢れた語り口は、彼らにまさるとも劣らない。私は彼の著書『弁証論』への思いを込め、戯れに短句をものしてみた。「ここにあるは聡明なるアグリコラ・フリシウスの『弁証論』／ラテン語でこれにすぐるるものあること　信じがたし［原文ラテン語］」（ビベスによる聖アウグスティヌス『神の国』*De civitate Dei* 注解より）。

先ほど見たエラスムスの『新約聖書』序文と大きく異なるものではない。まずもって（in limine）引用したとおり（実際にはまだかなり続くのだが）ビュデがポリツィアーノを凌ぐと絶賛しているが、これは［ビュデが］『古代貨幣論』で見せた（今読んでもそうなのだが）圧倒的な識見に驚嘆した結果として説明できないことはない。だが、ロドルフスをアンジェロ［・ポリツィアーノ］とエルモラオ［・バルバロ］と併置して、どれほどの意味があるというのか、よりによって、なぜこの二人なのか、［ロドルフス・アグリコラの］『弁証論』（*De inventione dialectica*）に最大級の賛辞を送るからといって、これほどまでに異形な人物を並べなくてもよかったのではあるまいか？　答えはこうだ。斯々然々の著者を並べるといっても、ビベスは知識の指標、究極の文化の相を示さんとして彼らを対照させているのではない。ポリツィアーノとバルバロは学習たるはかくあるべし、そのための手法を示す者、二人に及ばずながらアグリコラの場合には、真の「叡知」（sapientia）の至近距離にある者としての位置づけをしようとしているのだ（C. Vasoli *91）。

ビベスの著作を一読すれば、こうした理解があらためて容易に確認される。教育法、教育計画に関しては、ときに難癖をつけられることがあっても、［ポリツィアーノは］極めて高い評価を受け続けている。書簡にうかがえる切れ者で傑出した散文家（前掲『書状執筆論』）、『田舎讃歌』（*Rusticus*）に見られる学識豊かな詩人、「模倣」を巡っての論客、ヘロディアヌス（Herodianus Syrus）の達意の翻訳者として、ポリツィアーノの高評価は一貫している……。文芸学上の足跡、古代学（Alterumswissenschaft）における具体的諸問題の再検討でも、ポリツィアーノはその慎重さと精緻をもって一貫して信頼されている。ところがスペイン人［ビベス］が、自分にとって肝要な「知を伝達するべく斬新にして強固な基盤を提示する」着想を起こし、その際「言語の問題を中心に据えて、その構造を一様にする［原文イタリア語］」（V. Del Nero のビベス論）[*94]段になるとヴァッラに依拠し、文化と歴史の哲学、心理学、認識論、倫理や政治について考察を進めたりしようと構えるや、ポリツィアーノの影はどこにもうかがわれなくなる。ポリツィアーノの関心がその方面になかったと言ってしまえば、それまでだ。ただビベスはポリツィアーノの関心事項を受け止め、彼の業績と文献学上の厳密さとを自分のものとしている。しかもビベスはそこに留まることを是とせず、さらに規模を広げ、個人と社会生活の変革を強く推し進めることを目指した。ポリツィアーノが目論んだのは必要とあらば原典を校訂し、理解しようとすることだった。ビベスは「それが現実を理解し、より善きものにするためなら、それでよし」と考えたのである。

浩瀚な『教義論』（*De disciplinis*）のどの章を紐解いても、本書が名著であることが容易かつ端的に察せられる。のっけから「言語はあらゆる教義と芸術への扉」とある。ユマニスムはこの古来の発想を過剰なまでに重視し、ビベスはそこにむしろ待ったをかける側に傾いたのだが、その意味するところは大きい。「だが、研究者たちが言語に他の知を加えるのでなければ、芸術の扉に到着しても堂々巡りをするだけ、もしくは玄関を通ることさえかなわない。ラテン語とギリシャ語を知ろうが、そこから引き出せるものがないとしたら、フランス語やスペイン語を知っているのと変わるところがない。また言語を介在させてなにか別のことが求められないとしたら、苦労をして世界のすべての言語を修得するまでもない」(『教義論』)。こうした発想の延長線上に即効的に連動するのは「真理の批判」、「真理の検閲」(censura veri)だった。そしてその弁証論の領域に至るや、とりわけイタリア人[ヴァッラ]の小論が頭をもたげる。「ポリツィアーノは可憐な花をこれ見よがしに摘んで、それ止まり。だがそこに芸術系用語をほどほど加えることで有益となる……[原文ラテン語]」。ビベスのポリツィアーノへの言及はどっちつかずだが、それはポリツィアーノの著作に欠陥があるからというより、テーマに対するポリツィアーノの取り組み方全般に関わることだ。言葉遣いを見れば一目瞭然で、ビベスはセネカを援用しながらポリツィアーノを批判する。つまり[ポリツィアーノは]「小さな花を追う」(viro captare flosculos turpe est)とし([セネカの]『ルキリウスへの道徳書簡』*Ad Lucilium*, XXXIII, 7)、これでは「端緒にあるのであって研究ではない」(rudimenta sunt nostra, non opera)、その次元を越えねばならず、「この期に及んでかようなことを学ばねばならないというのではなく、すでに学び終えているのでなくてはならない」(non discere debemus ista, sed didicisse)(LXXXVIII, 1-2)とする。

先にエラスムスとビベスが送った賛辞を取り上げたが、その賛辞が向けられた相手に多少なりとも遡及しておかねばならない。ギヨーム・ビュデがポリツィアーノに負うところは、エラスムスとビベス両名のそれより遥かに大きい。イタリア人[ポリツィアーノ]に勝るとも劣らぬ奇を衒い、エラスムスが閉口させられるほどの文体を駆使し(ビュデの一五一六年の書簡)、厳密な研究領域たる文献学に費やすページは、ビュデのほうが比較にならないほど多かったことから、それが分かる。そうした記述があっても、ポリツィアーノは懸念されるほど失墜させられずに済んでいる。古代研究にかけては[ビュデの]『古代貨幣論』が、既刊のものでは最高の名著だと全ヨーロッパで褒めそやされても、ビュデは「重さや寸法の名称」(ponderum nomina et mensurarum)に関するポリツィアーノの凡庸な内容の書簡に目くじらを立てることもせず、その書簡が偽作だったらよかったのだが、との思いを吐露している。「(作者の素性が不確かで、プリスキアヌスにあるのだが)こうした詩文の理解に際して、ポリツィアーノは幾度も目に余る誤謬を犯しており、これではポリツィアーノの文体とも思えず、そもそも書簡が絶対に彼のものではないと思われたほどだった……[原文ラテン語]」(『古代貨幣論』)。だが両者の見解が分かれると言った時、それは学識の問題ではなく、もっと根深いところに起因する。

一五〇五年に[ポリツィアーノの弟子]ペドロ・クリニト(Pedro Crinito[= Petrus Crinitus, Pietro Riccio])が『法典全書』(*Digesto*)に関する師のメモをビュデに回したのはよく知られるが、それを見たビュデが、その貴重なメモに少なからず不正確な転写や、重大な欠落箇所があるのを喝破したことを想起しておこう。「ポリツィアーノの二つ折四枚の手稿だが、数えるほどしか注がなく(どうも)意図的にはっきりさせないようにしている箇所があった。よって意味が不鮮明なところがあって、誰にも分かる体《てい》のものではなかった。彼にはそんな面があって、意味もなければ、どうでもいいところにしきりにこだわっている[原文ラテン語]」。ビュデは自分に先行する人物[ポリツィアーノ]の「悪筆」(bad hand-writing)をなじることもなければ、意図的に仔細にこだわって判然としにくくしている箇所(obscuritas）や視野の狭さを無念とすることもしていない。

実際のところイタリア人［ポリツィアーノ］とフランス人［ビュデ］を組ませて共通点らしきところを探すべく［ビュデの］『法令集注解』（*Annotationes in Pandectas*）を眺めてみればはっきりするのだが、ビュデのほうがポリツィアーノにまさるとも劣らず「判然とせず」、それもポリツィアーノ譲りで後塵を拝していると考えられることが少なくない。ビュデはポリツィアーノが仔細にこだわるのを非難しているのではない。そもそもこの点については当人もそうだったし、当人のほうが上を行ってさえいた。またポリツィアーノが意を決して、より大きな地平を展望して羽ばたこうとしなかったのを非難することもなかった。ポリツィアーノがしきりに追い、自著の原点に据えたヴァッラに立ち返ってみることもできようが（Donald R. Kelley, *Foundations of Modern Historical Scholarship*...）、一番確かなのはビュデ自身の『注解』を検討することで、そこでは切れ味鋭く、自分がひたすら追求してきた考古学が、徹底して現代的な記述をもって展開され、相当数の著述家を援用しながら、当時のフランスが法社会に至るまでの過程を的確に論じている。この書では正義と法律、「拡大解釈」（epieikeia）と「衡平」（aequitas）という大問題は言うに及ばず、司法の議論から［役職の］任命策に至るまで、司法行政のすべての問題、裁判にまつわる一切が論じられている。そしてビュデが揶揄した「判然としないところ」は、古代を新しい脈絡に置いて論ずるという意識的かつ沈着な決断を［ポリツィアーノが］示さなかったことだ。

［二〇世紀のイタリアの文献学者］ジャンフランコ・フォレーナ（Gianfranco Folena）はポリツィアーノを碑文風に形容して「文献学をもって一国を築く」だけだったとした。ビュデは反対に文献学をひたす

らフランス、キリスト教世界に資するものととらえた。すなわち自分でも言うように「小文献学」(philologia minor)は「大文献学」(philologia maior)と連携して初めて正当化されるとした(「小文献学」は彼なりの呼称で「親理論」(philotheoria)、「親知」(philosophia)、「親知神学」(philosophia sacra)も同様)(D.O. McNeil の著書 philology の項)[*95]。彼はエラスムスやビベスと同じように、最高に価値の高い文化は必然的に最も高い目標を志向するものでなくてはならない(『古代貨幣論』)ことを確信していたが、その確信を実行に移すに当たっては、オランダ人[エラスムス]とスペイン人[ビベス]と比して、かなり粗雑で頑迷というか、拙速に過ぎるところがあった。エラスムスとビベスの場合には、自分たちに関心のある「大文献学」と正面から向かいあうことを基本としながら、うまく行かない場合には、ひとまず置いて、新しい方向性が見えてくるよう、方法および手段としての「小文献学」と馴染ませながら作業を進めた。ビュデはいくぶん不器用で、「己れを大いなる神から小物の神とし」(de Budaeo me propemodum *boudaêmona* facis)[名前 Budaeo に隠された deo〝神〟と、ギリシャ語から派生させた *boudaêmona* に隠れた daimon〝小さな神〟で語呂合わせをしたものと思われる]、とエラスムスに向かって戯れ(II, 275)、自分の主要著作で大小双方の文献学が顕在しても、相和しているわけでも、積み重ねられているわけでも、絡み合っているわけでも、平行しているのでもないとする。

大著『古代貨幣論』は、古代のラテンとギリシャの貨幣を論じた書(それと度量衡学)であるのは言うまでもないが、それだけでなく、古代の経済基盤を追い、同時代と関連づけられる多くの諸相を論じた書物だ。我々の目からすると、本書はあり余るほどの素材が、組織だった総体を構成するまでには至っていない。あれだけ微に入り細を穿った記述は「文献学」の領域を大きく逸脱して、「歴史」

と呼んだほうが理にかなっている。多様で多彩な様態を追う以前に、大きな区分けが必須とされてしかるべきだった。ただ、数百ページにわたってローマの硬貨や価値について具体的な詳述がない箇所があるからといって、それを的外れとか、たまたまそうなっただけと決めつけるのは正しくなかろう。要領の悪さはともかく、確たる目的意識を失うことなく、ビュデからすれば『古代貨幣論』であろうがそうでなかろうが、あらゆる資料は同じ方向を目指しているのであって、「絵画では光は影と混和する」(ut lumina cum umbris in pictura)。エジプト人とカルデア人の資産に関する実に聡明な論述は「こちらからすると、我々の貨幣を両替商のように［こともなげに飄々と］扱って」(aere nobis aequali aestimatas ab uno me collybista)、「万策をもって財産を追い求める人」(haec fortunae munera hodie omni ope persequuntur)を揶揄する体裁を取っている。また広範な論理展開をもって、そうした意図と『古代貨幣論』全般の意図とを分からせようとし、「本物の哲学とはなにか、そして文芸を懸命に学ぶ者は、いかようにそこを目指していけばよいのか」(quid sit germana philosophia quoque ad eam pacto aspirare et evadere studiosissimi literarum possint)(II, 397–398)を示唆する。

なるほどビュデは「ラテン文化はギリシャから身につけたもの」がまことに大だったことをポリツィアーノから学びはしたが、「学芸」(humaniores literae)が未熟な段階を「小文献学」の呼称をもって推し進めようとした時点で、彼は「ヘレニズム」しか思いつかなかった。『ヘレニズムのキリスト教への移行』(*De transitu Hellenismi ad Christianismum*, 1535. *Le passage de l'hellénisme au christianisme* 参照)の中にイタリア人［ポリツィアーノ］(もしくは他の近代著述家)の名を探しても徒労に終わる。ポリツィアーノはビュデと同じ位相を深めながらも「小文献学」などどこ吹く風、正面から神学を目指している。「古典文学、文芸、両言語に十分通暁した」(in literis antiquis honestisque utraque lingua disciplinis feliciter eruditi)人間が究極に目指すのは神学だ。しかし凡庸の域を出ることなき博識に向けた痛罵の裏に巧妙な仕掛けが組まれていることを、きっちりと読み取っておこう。それは彼自身お気に入りの呼称「洗練されたポリツィアヌス」(politissimus Politianus)の面目躍如たる技巧だった。「「なんでもあり」の詩人をやみくもに追い、詩の美しさだけにかぶれるばかりで、自分たちを慕い続けてくれる人がないことを思う連中は、神聖にして好もしい教養を学んでも「より高貴な」学識を身につけることはかなわず、邪魔くさいものとして関わりをもたない。実際のところ彼らは実に虚しいことを学び、哲学の影法師を追うだけだ[原文ラテン語]」(前掲書)。

若きビベスがエラスムスにしたためた書簡(IV. 1108)でビュデを讃えてはいるが、これは博識をもって知られるイギリスの[外交官、スコラ学者で司教の]カスバート・タンストール(Cathbert Tunstall)の評価に乗ったものだった。総まとめとして大陸から島、錚々たる人物からそうでもない人材にまで目を落として、今まで管見してきたところを要約してもらうなら、一五一七年にタンストールがビュデ宛にしたためた書簡で、エラスムスとビュデに言及している一節に目をやればこと足りよう。「(これは嫉妬からではなく掛け値なしで言うのだが)君たち二人は幾世紀ものあいだ埋もれていた昔の学芸を復興させた。[ラテン語文法書の著者として知られるニコロ・]ペロッティとロレンツォ[・ヴァッラ]、加えてエルモラオ[・バルバロ]、ポリツィアーノ等々、貴殿たちに先行する人物たちすべてを凌駕したことだ[原文ラテン語]」。

こうした人物を持ち上げる理由は実に明白だった。「自分の才が求められた場合、いかようにも対応してみせられるという楽しみがありました。そのためには彼らは美しい野原にあって、とりわけ美しい花を摘むかのように、いろいろな出典から興をそそるような一節を渉猟するのに腐心し、その幅の広さをもって読者の好奇の思いを引きつけていたのです」。それに比して「君たちはヘラクレスを思わせるほどの辛苦を重ね」(Herculeo quodam et indefesso labore)、「多くの野蛮な輩が闊歩する真っ只中に飛び込み……彼らを蹴散らしてほぼ壊滅させ、神聖を冒瀆する者を教会から追いやり、あらゆる法廷の場を台無しにする者を放逐した。連中が書いたものは……人生を今までより小粋にする体でしかなく、無ければ無いで構わないもの。君たちが書いたのは、それ抜きにしては人生そのものが成り立たないもの」。「連中は我々が芝居、警句、歴史でひどい仕打ちにあわないように努力し、君たちは人の誤りをことごとく放逐してくれた」。「連中は僅かな暇人だけが読むようなものを書いたのだが、君たちはいかに多忙であろうとも、万人が必ず手にするものを書いた[以上、原文ラテン語]」(II, 539)。

繰り返すが、タンストールは簡単な要約をしているだけで、我らが見てきた主役たちの仕事の内容には一切触れてはいない。つまるところ古代の雄弁術、文芸の真の確立は、文献学者の冊子に纏められるようなものではなく、神殿、法廷、万人の集まる場で実践される。他の典拠も我々は知らないわけではない。タンストールの批判はビベスの中に見られるものだし、ポリツィアーノの「彼らは花を摘む」(illi ... carpentes flosculos)もセネカの譴責箇所(本書一九五頁)の言葉にいとも簡単に見つけ出すことができる。ただしこのように典拠となった事項は自由学芸の初期段階に停滞して、いかんせん「叡知の学」(studium ... sapientiae)という果敢な領域には至ってはいない。人生の誤りではなくテクストの誤りをなくそうと躍起になることへの皮肉は、とりわけ聖アウグスティヌスが好んだこと等を想起してもよい。

当然のことだが、上記はユマニスムの行程で長きにわたって取り上げられてきたモチーフだ。学んだことを「実践に」(in actum)移さず、[『秘密』第三書に言う]「花を摘んで」(flosculos carpens)無為に過ごした歳月をペトラルカが悔やむ様は、人生の過ちには実に寛大なのに、詩や歴史の誤りに執拗にこだわるのを皮肉るコメントでも吐露されている。粗忽者、なかでも法律や神学にしがみつくだけしかない連中と闘うイメージは、[ヴァッラの]『雅語論』の複数の序文で鮮やかに描かれている。だが注意すべきは、タンストールは自分の青春時代の過ちを嘆いているのでも、諸学に対する中世の姿勢を揶揄しているわけでもなく、イタリアの最高峰を行く文献学者たち[前出ペロッティ、ヴァッラ他]、当の自分も共有する知を行き着くところまで押し上げた人物たちを俎上に載せながら、バルバロやポリツィアーノよりも、明らかにペトラルカやヴァッラに近い言葉遣いや口調を駆使していることだ。

駆け足で辿った[フランスの歌謡文句にある]「このお話の顚末」(morale de cette histoire)を突き詰めれば以上のようなものとなり、取り立てて斬新なことでもない、または斬新とされるべきことでもなかろう。ポリツィアーノのおかげで、エラスムスのギリシャ語の知識はペトラルカのはるかに上を行ったが、ヴァッラのおかげで彼はペトラルカにいっそう近づいたギリシャ語を駆使しようとしている。一三〇〇年代と一五〇〇年代との間にある、こうした深い連続性を見ることで、古典研究を超えたところを目指すことと、古典研究そのものとが、[実は]ユマニスムの根源にあって軌を一にするのが納得されよう。哲学、宗教、政治の考究姿勢、文明刷新に対する思いの濃淡は著者によりけりとはいえ、そうしたものがユマニスムの全過程を通して表出し、三世紀にわたって続いた現象の根幹となっている。言語を介して新しい世界を目指した文芸の道行きには、各ユマニストなりの差がある。より優先度、必要度の高い目的を目指し、各時代なりに最大限のプログラムを立て、古典の知恵を活かしつつ、各時勢が許す範囲で行動に移す。趨勢が変わってゆくからといって、それに惑わされてはならない。文献学と「雄弁術」(eloquentia)が認識の枠組み、知的作業の究極モデルを提供して見せたことのほうが、その実効性の大小より重要で、これは時の後先を問わず、他の学問や特定の思想学派が多彩な知に作用したのと同じだ。

近年、文献学者としてのポリツィアーノが強調されるのは結構な話だが、そこに限定して関わるべしとするのは御免被りたい。ポリツィアーノ、ひいては文化を息づかせ、現実を変革させる要因として決定的な役割を果たしたユマニスムの歴史は、イタリア内外を問わず、古典文献学にとどまるものではなかったからだ。エラスムスであれ、ビベスであれ、ビュデであれ、総体を俯瞰することで、われわれの視座は容易に修正される。彼らが誇りを持って顕示する武器として、ポリツィアーノは不可欠だった。なぜならその武器をもってすれば、自分たちの確たる基盤と権威が裏づけられ、「学術的に」(言うなれば)畏敬の念をもって見てもらえた。ところが彼「ポリツィアーノ」の挑んだ闘いの目指すところは違っていた。貴族の申し合いではなく、ヴァッラが宣戦布告して日も浅かった教会や法廷を往来する野蛮人との熾烈な闘い……。フィレンツェの師の文献学は「古典学術史」(History of Classical Scholarship)の一翼を担うと共に、ユマニスムの一翼を担っていた。これが一五二五年前後、ポリツィアーノの光と影が我々に伝えるところだ。

訳者解説

はじめに

お詫びをすることから始めなくてはならない。本訳書を上梓するに至るまでの非常識な遅延だ。なによりも著者フランシスコ・リコへのお詫びであり、岩波書店へのお詫びだ。訳者の非力と怠惰を弁解するつもりは毛頭ないが、多少の事情説明をさせてもらうなら、本書は当初マドリードのAlianza社から刊行されて過分にも著者から献辞と共にいただいており、その版から訳し始めた。ところがそれが大幅に増訂され、本文への相当数の中途加筆や脚注が巻末に加えられたことを、しばらくして知った。その部分の翻訳に取りかかってみたものの、構成上、加筆部分ごとに巻末に戻らねばならず、非常に読みにくいものとなっていた。それでも翻訳作業を続けてみた。訳者個人の勉強と並行させた作業だったため、ここでかなりの時間が経過した。そのうちに(訳者は知らされていなかったのだが)本書はバルセロナのDestino、さらには同じくバルセロナのCrítica に出版元が移動していった。最終のCrítica 社版は上記の増訂版を一新して、以前の加筆部分その他が本体に統合されて、今のような形になった。

訳者はそれに合わせて、最初から全面的に訳し直した。そのうちにフランス語訳には著者によって「岩波書店近刊」云々も加筆され、著者自身にお目にかかるごとに、時にはかなりきつい発破をかけられ、私は「この手の本を欧米諸語から日本語に訳すというのは、欧米諸語同士の翻訳のようにはいかないのだ」と苦し紛れの言い訳を繰り返した。それでも著者への敬意を表すべく仕上げねばと、長期スペイン滞在から戻って、今度は新型コロナによる外出制約期間を利用して、なんとか最後まで辿り着いた。

フランシスコ・リコ

著者フランシスコ・リコは一九四二年生まれ、バルセロナ自治大学で中世文学史の教授を長年つとめた。しかしこれ自体はリコの全体像からすると、小さなことでしかない。彼を一言で形容するなら、破格の博学と慧眼の持ち主ということになる。もちろん博学、慧眼の士はこの世の中、決して少なくない。しかしその中でも「早熟にして真に破格な」博学は意外に少ないのかもしれない。

訳者が最初にリコの著書に接したのは、たしか半世紀近く前、大学院の一年か二年目だった。神田にあった小さな書店で、特別な理由もなく購入した『人間の小さな世界』(*El pequeño mundo del hombre*)だった。もちろん著者 Francisco Rico のことなど知る由もなかった。人間を世界の縮図とする視点が、古代ギリシャからスペイン精神史の中でどのように展開されてきたかを、ラテン語をはじめとする多くの言語を駆使して周到に論じたものだ。語学レベルでさえ、自分がどこまで読めたかまるで自信がなく、ともかく世の中には恐ろしい学識を縦横に操る学者がいるものだと圧倒されるばかりで、著者がどういう履歴の人かも調べず、同書に紹介された著者略歴にも無関心で、著者紹介さえ読んだ記憶がない。

てっきりいわゆる「大御所」だと思っていたリコが、同書を二〇代半ばで書いていたことを何年か後に知った時の衝撃といったらなかった。前掲書出版の前年の一九六九年には「ガリシア、レオンそしてカスティーリャにおける一二世紀のラテン文典」（“Las letras latinas del siglo XII en Galicia, León y Castilla”）なる、詳細な脚注だけで一五〇を越える長大な論文を公刊している。何者だろう、との好奇心が湧いた。その後も『ピカレスク小説と視点』（*La novela picaresca y el punto de vista*, 1970）、『アルフォンソ賢王と「全史」』（*Alfonso el Sabio y la “General estoria”*, 1972）、小著『スペイン中世における説教と文学』（*Predicación y literatura en la España medieval*, 1977）をはじめとする専門書を、一切の啓蒙と妥協することなく発表していった。そしてそれは今も止まらない。

　現在、スペイン研究者の間で一般的に知られるフランシスコ・リコは、セルバンテスの『ドン・キホーテ』の、決定的とまで評される校訂注釈版によるもので、これは従来の何種類もの校訂注釈版を大きく凌駕する。同書はフランシスコ・ローマ教皇、フェリペ六世スペイン国王にも直接献呈する機会を与えられている。校訂版を用意するだけに終わらなかった。『ドン・キホーテのテクスト』（*El texto del “Quijote”: Preliminares a una ecdótica del Siglo de Oro*, 2007）をはじめとする専門書が続く。

　一九九七年、東京で地中海学会二〇周年記念として論集『地中海学の二〇年』が刊行され、私は「フランシスコ・リコと文学史の展開」と題する拙稿を書いた。もちろん今回の訳書、ましてや上記の『ドン・キホーテ』校訂注釈版が出る以前で、リコ以外にスペイン文学史の類書は何種類も出ていた。しかし私は敢えてリコに絞った。それがよかったかどうかは分からないが、少なくとも私には、スペイン文学史を俯瞰するには、リコの視点は絶対に欠かしてはならないとの、ほとんど直感的な確信があった。そしてそれは今も変わらない。

リコが英語、フランス語、イタリア語などに翻訳されているのはともかく、彼が国外で知られるのは主にイタリアで、ペトラルカ研究者としてだ。彼自身、ペトラルカについては数千ページを書いたと言う。まず六〇〇ページ近い『ペトラルカの生涯もしくは作品』(*Vida u obra de Petrarca*, 1974)ではペトラルカの『秘密』(*Secretum*)を軸に論じている。ペトラルカのラテン語による小品集『ガビアーニ』(*Gabbiani*, 2008)を、イタリア語の序文をもってミラノで出しているが、この版は一般読者向けの体裁を取りながらも、書評では「挑発的」と評された。『鏡の中の肖像：ボッカチオ、ペトラルカ』(*Ritratti allo specchio. (Boccaccio, Petrarca)*, 2012)では、両巨人の知的航跡を照合しながら辿り、同じくイタリア語で書いた『ペトラルカの金曜日』(*I venerdì del Petrarca*, 2016)はE. Hatch Wilkinsの有名なペトラルカ伝に緻密な考証を施し、新しいとも言えるペトラルカ像を世に問うたものだ。同書はローマでDe Sanctis賞を受賞している。リコはこれ以外に国内外で多くの学術賞を受け、フランスのボルドー大学、イタリアのボローニャ大学などで名誉博士の学位を受けている。スペインにあっては五〇〇ページ近い校訂版『ペトラルカ作品集I　散文』(*Petrarca, Obras I, Prosa*, 1978)を刊行している。

フランシスコ・リコは何種類もの古典作品の校訂注釈版以外に、複数のスペイン文学史シリーズに関わり、該博な知識はもちろん、鋭敏な選球批評眼をもって導いてきたが、現在携わっている最大の企画は、スペイン王立アカデミーで刊行中の『スペイン王立アカデミー古典叢書』(*Biblioteca Clásica de la Real Academia Española*)で、『ドン・キホーテ』も当然、ここに収録されている。このシリーズは中世の『我がシッドの歌』(*Cantar de Mio Cid*)から二〇世紀前半の女性作家Emilia Pardo Bazánに至るまで、全百十一巻を想定しており、リコ自身が校訂したり、リコが現在のスペインで最適と思われる研究者に校訂を託したもので、質の高さは言うまでもなく、現段階ですでに相当数の巻が出版されている。誇張でなく、本シリーズは後世の研究者に大きな影響を与えることになろう。

リコの関心は狭義の文学・文献学に限定されるものではない。文学史そのものを、まずもって人間の文化史と見る。『風景を伴う像』(*Figuras con paisaje*, 1994)は、なるほどピカソ、M・バルセロー、ベラスケス、サンタ・マリア・デ・リポイ修道院正面のロマネスク彫刻などを論じているものの、著者自身が巻頭でもことわるように、決して図像学の視点に立つものではない。芸術家がいかなるところから想像と創造のインスピレーションを得ているか、文学史から透視することで何が見えてくるか……さりげなく美術史家の「不勉強」をなじっているとも読める。Fco. J. Sánchez Cantón の記念碑的業績『スペイン美術史のための文学的源泉』(*Fuentes literarias para la historia del arte español*, 5 vols., 1923-1941)を知らないわけではない。それでもなお、リコはテーマを極度に限定したうえで、「文学あるいは広い文化史の素養があれば、まだまだこんなに面白いことが見えてくるのに」との想いを、静かに記述してゆく。

これとはまるで異なる最近の「脱線」に、小冊『独立主義のパラドクス』(*Paradojas del independentismo*, 2018)がある。日本のジャーナリズムでも時折取り上げられるスペインでの独立運動(カタルーニャやバスク地方など)に関して、多分に独立派の主張を揶揄したものだ。リコはカタルーニャ生まれではないが、長年カタルーニャに住んでいる。「揶揄」と言っても、誤読してはならない。政治的な視点から揶揄するのではない。あくまでも独立主張の文言にこだわり、かといってその揚げ足を取るのでももちろんなく、第一級の読み手として、その文言の統制、論理性、展開の脆弱さに鋭く切り込むだけだ。現段階でリコの論鋒に正面切って反駁した論者を私は寡聞にして知らないし、リコからすれば、そのこと自体にはあまり関心があるまい。

同年、リコは『カルミナ・ブラーナ』(*Carmina Burana*)の、主にラテン語からの対訳選集を出している。この書は一九世紀初頭に南ドイツのベネディクト会のボイエルン修道院(Benediktbeuern)で発見された詩歌集で、編訳者リコによる丁寧な序文が冠されている。ちなみに、この詩歌集には後に曲がつけられ、小澤征爾がベルリン・フィルと日本の合唱団を、ベルリンで指揮したことで知られる。

新刊としては『受け継がれる忠誠——文献学者と同族者たち』(*Una larga lealtad — Filólogos y afines*, 2022)で、スペイン文献学における先達、自身と同時代のスペイン人研究者、イタリア人を主とした研究者五〇名弱の仕事を論じたものだ。さらに文字通りの最新刊としては、本書にも登場し、以下の解説でも言及する『異人に対峙したネブリハ』(*Nebrija frente a los bárbaros*, 1978)他、ネブリハ関係の論考を統合した『エリオ・アントニオ・デ・ネブリハの教えと遺産』(*Lección y herencia de Elio Antonio de Nebrija*, 2022)で、これは五〇〇ページを優に越える大部のものとなっている。さらに今日では入手がかなり困難となっている論考を集めた『スペイン文学最初の一世紀』(*El primer siglo de la literatura española*, 2022)も幸い刊行されている。

本書

誤解を恐れずに言うなら、概してスペインは言語学の国ではなく文献学、フィロロジーの国だ。それは昔も今も変わらない。矢継ぎ早に新しい成果を世に問い続けているフランシスコ・リコは、ともすると独創的な文学研究者のようでいて、本書(*El sueño del humanismo — De Petrarca a Erasmo*, 2014)その他を見れば分かるように、実はスペインの重厚なフィロロジーの伝統を継承する。

著者は本書でポリツィアーノ、エラスムスのそれに限らず、かなりの頻度で言語に考究する。中世のアルフォンソ一〇世賢王は、「文法とはラテン語を修得するための術」(『七部法典』*Las siete partidas*, I-V-XXXVIII)と簡潔に説く。ところが時が流れてセルバンテスになると「私は文法の扉に至り、これは他の諸学に入るための扉だ」(『ペルシレスとシヒスムンダの苦難』*Los trabajos de Persiles y Sigismunda*, I-5; 同じくセルバンテスの短篇小説『びいどろ学士』*El licenciado Vidriera* にも同様の指摘)と大きく動く。中世から一七世紀初頭に至る間に、「文法」なる単語に限定しただけでも、大きく動いたことになる。著者フランシスコ・リコはその胎動をスペインに限定することなく、本書で見られるように巨視的かつ仔細に追う。

本書で「巨視的かつ仔細」と言った時、もう一つ重要な意味がある。それは特定のユマニストを巨視的かつ仔細に見るだけでなく、ユマニスムの流れ総体そのものを巨視的かつ仔細に見ることだ。たとえばペトラルカ、エラスムスなどを掘り下げる研究はもちろん少なくなく、これだけでも途方もない作業が要求される。しかし本書では、各ユマニストの活動が当時の知識階級、一般社会にどのように波及したのか、ユマニスト同士の相克を含めた関係、さらには地誌的な視点、イタリアのユマニスムが北方(フランスやオランダ)に渡って、どのような変容を遂げたのか、胚胎されたユマニスムはどんな夢を見たのか、夢をかなえたとしたら、夢はどこまで、どんな形でかなえられたのか、スペインや遠い新世界のどこまで波及したのか等々が、まさに万巻の書を渉猟した著者にのみ可能な視点をもって語られる。そして一人のユマニストの独創的思考と思われがちなものが、実は必ずしもそうではないことも仔細に明かされてゆく。

こうした作業を決行するためには既存の研究に当たるのは当然ながら、いわゆる「原典資料」に当たることが不可欠となる。ここで著者の知への執着、力がいかんなく発揮される。まさに膨大な書、研究論文から写本、手稿に至るまで、克明かつ超然として読み込んでゆく。本書の場合にはラテン語が圧倒的で、次にイタリア語、さらに英語、フランス語、少ないがドイツ語、ポルトガル語、カタルーニャ語の文献を著者の目が追う。とりわけラテン語の文献に関しては写本や手稿の山にまで分け入り、時間をかけて有益なものを発掘するのを厭わない。たとえば本書の「補講1」で幾度となく言及される一六世紀前半の Francisco Decio の記録がそうだ。これなどはリコの発掘に刺激を受け、バレンシア大学は Decio の『バレンシア大学開講講演録』(*Discursos inaugurales de la Universidad de Valencia*, 2004)として出版しており、我々の手が届くようになった。もちろんこれなどは一例でしかなく、我々日本人が本来の文献学の醍醐味を味わうには、インターネット経由でいろいろな文献が紹介されているなどといっても、やはり現地に腰を据えて、埃にまみれながら原始的な作業をするしかない。訳者がスペインに長期滞在を繰り返すのも、その途方もない作業に、及ばずながら、そして身のほど知らずに挑んでいるからだ。

ところで文献学には師と弟子のような関係はあっても、「〇〇派、〇〇流」のような系列は成立しない、もしくは成立しにくい。敢えて言うなら「方法論」の試し切りのような論述が目立つなか、文献学はただひたすら文書が何を言っているかを把捉しようとする手作業だからだ。フランスのマルセル・バタイヨン（Marcel Bataillon, 一九七七年没）は大著『エラスムスとスペイン』（*Érasme et l'Espagne*, 1937. その後、メキシコでスペイン語に翻訳出版されて版を重ねる）をもって、一六、一七世紀のスペイン精神史の研究に多大な貢献をしたが、一九七四年の某インタビューで、「方法」というのは「前もってあるのではなく、全行程を一巡してから成るものです。メソッドなる語はメタ（後）とオドス（道）から来ます。概念に乗じた昨今の研究プログラムに、私は歯がゆい思いをしています」と述懐している。エピソードと同源のメソッドを大上段に振り回すのは、確かに文献学の研究において、あまり生産的ではなさそうだ。

訳者は本書を読み進む過程で、不思議に二人の異形な思想家を幾度となく連想した。ウイーン出身の孤高の哲学者ヴィトゲンシュタイン、それと日本の荻生徂徠である。ここでそれを詳論する紙幅も力もない。ヴィトゲンシュタインが「哲学の目的は、思想の論理的な浄化にある」（『論理哲学論考』4.112、坂井秀寿訳、法政大学出版局、一九六八年）と言う時、「哲学」なる語を「我が研究」に差し替えれば、本書をはじめとするリコの姿勢となる。それればかりではない。「いい表わせぬものが存在することは確かである。それはおのずと現われ出る。それは神秘である」（同前、6.522）。これは本書で文献学者リコが実践したことだ。「神秘」と呼ぶか否かはともかく、著者が文典をどう読むか以前に、文典みずからに文典を雄弁に語らしめようとする。言い表してくれるぎりぎりまで求め続け、安易な論に走ることなく、まずは慎む。さらに本書で言及されるユマニストたちの執筆姿勢および行間に往々にして見られるのは「語の意味とは、言語の中におけるその用法である」(『哲学探究』43、藤本隆志訳、前掲『論理哲学論考』所収)の基本だ。本書で引かれるユマニストの執筆姿勢とそれを読み解くリコの視点が、ここで重なって和す。

他方、古文辞学の荻生徂徠は「世は言を載せて以て遷り、言は道を載せて以て遷る」(「学則」二)の立場を取る。これはおしなべて、ほぼ文献学の立場になろうし、リコの視点を代弁するものと言ってよい。また『答問書』の有名な結語「惣《そうじ》て学問の道は文章の外《ほか》これなく候」では「言」が「文章」に移っているが、もちろん読み手は双方を厳粛・厳正に読もうとする。徂徠の文典講読姿勢を評して吉川幸次郎は「書物そのものを読むことである。その「本来の面目」において読むことである。世上の「講釈」のように、無用の附加をすることではない」ととらえた(「解説 徂徠学案」『日本思想大系36 荻生徂徠』岩波書店、一九七三年)。我田引水がらみの「講釈」や「解釈」の正当化を図ることをせず、ヴィトゲンシュタインの言う「おのずと現われ出る」のを待つ。こうした読みに徹したとき、徂徠の言う「古《いにしえ》に通ぜんと欲する者は必ず史なり」(「学則」四)となる。著者リコの必然でもあり、多くの文献学者の必然ともなる。

著者はただひたすら原典原文を読み、原典を生きようとする。そして原点を見極めようとする。それがペトラルカであれ、ポリツィアーノであれ、エラスムスであれ、変わることはない。日本語の「独創性」(オリジナリティー)は「異質で他に類例がない」の意で使われることが多く、時には「奇をてらった」ほどのニュアンスが込められることさえある。しかし本来のオリジナリティーはオリジンに帰巣すること、確かなオリジンを探り当てることで、その成果がまた生産的なオリジンになることだろう。ただ本書には当然ながら複数の生産的なオリジンがある。ペトラルカ、ポリツィアーノ、サルターティ、エラスムスその他、多くのユマニストが登場する。幾人もの強烈な個性がそれぞれのオリジンをなし、それが猥雑にして豊潤なユマニスムの饗宴をなす。そして著者自身がその饗宴に加わってユマニストとなり、「同時代のユマニスト」を目視する。

移籍するユマニスム？

我々が歴史を語る時、常識的には時系列を追って、かくかくしかじかだったために、かくかくしかじかの事態が起きた、もしくはその動因となったと説明する。しかし本書から伝わってくるのは、時系列の後位にある事象もしくは人物によって、先行するものがようやく説明されるとの視点だ。過去は後発の事象や人間によって、初めて見えてくることが少なくない。過去は確定されたものではなく、後代によって動態として生き始める。エラスムスを読むことで、ペトラルカの息づかいが聞こえてくることもあろう。つまり本書の副題を「ペトラルカからエラスムスへ」ではなく「エラスムスからペトラルカへ」にも転回しうる。事実、本書の副題は「ペトラルカからエラスムスへ」だが、本書第9章ではそれが逆転している。これは前述の、ユマニスムの大きな地理的な移行・展開を連想させずにはおかない。

また、本書で著者が意識したか否かはともかく、「しかし」に類する指摘が少なくない。それは登場人物、事象、文献への著者の問いであり、著者自身への問いに他ならないと見ることができよう。

本書をいかに読むかは、言うまでもなく読者にゆだねられるが、いかにも著者らしい仕掛けが、随所に隠されている。ほんの一例にとどめる。本書「補講2」(一九一頁)に「(いわゆる)格言『アルキビアデスのシレノス』(*Sileni Alcibiadis*)はそのタイトルのままで」云々とあり、「(いわゆる)格言」と「いわゆる」がさりげなく、あるいは意図的に( )でくくられている。このエラスムスの格言もしくは金言を、単なる格言集を大きく越えた宗教上の「説教」とみなすことができるとの、著者の言わば断り書きだ。ちなみに該当箇所を、フランス語訳では pseudo つまり「疑似の」とまでしている。

ユマニスムやルネサンスに関連する重要文献の邦訳は、E・ガレン、P・O・クリステラー、A・グラフトン、E・パノフスキー、R・H・ベイントンをはじめ、それなりにある。その一翼を担うのが本書かと言えば、答えは是にして否にもなる。理由はこうだ。時期を限って論じる書物にあって、ほとんど不可避的な記述は、誰が主導し、かくかくしかじかの主張をし、後代にどのような影響を与えたかを論じる。本書を含め、こうした解説が筋違いだというのでは、もちろんない。ただ本書は巨人ペトラルカにユマニスム展開の動因を性急に求めることをせず、まず古代の記念碑、遺跡、墓碑、貨幣などへの好奇心が主に有産階級から起こり、その周辺に文化・歴史の関心が集中し始めるという、言わばユマニスムの初期微動を感知し、それを中等教育機関や社会が涵養していったさまを描く。とりわけラテン語学習とその周辺の人間ドラマを絡めてつぶさに観察する(とりわけ第2・3・7章)。さらに本書の一大特徴は、ユマニスムの終焉とその内情を克明に追っていることだ。

イタリアをはじめとするヨーロッパは、ユマニスムという壮大な「正夢」を見ながら、ある意味では、結局それが「夢」だったことを知る。第1章ののっけから、著者は「理想的な町の設計図を俯瞰しておきながら、それを具現するべき石材や工具を持ち合わせなかった」と断じる。こうした帰結を正当化するには、それなりに周到で慎重な準備をし、その経緯を精査しなくてはならない。著者は、その錯綜した内訳を微に入り細を穿ちつつ腑分けしてゆく。第8章の「白鳥の歌」に至るプロセスが、無数の文献を駆使して説かれてゆく。

ここでの「文献」は「参考文献以前の文献」の謂だ。著者リコの本領がここでいかんなく発揮される。ペトラルカは言うに及ばず、A・ポリツィアーノ、L・ヴァッラ、L・ブルーニ、L・C・サルターティ、L・B・アルベルティ、E・バルバロ、A・ネブリハ、J・L・ビベスをはじめとする、いわゆるユマニストたちの原典著作群を、当然とはいえ本当に読破して縦横無尽に操る。ここに写本や手稿まで加わる。なにごとも軽便に済ませられがちな現代にあって、この実践が意外なほど（とりわけ日本では）なされていないと見るのは訳者の認識不足だろうか。馴染みの頻用箇所に執着する、あるいは「拾い読み」をして論じることがどれほど危ういか、著者は言外に厳しく警鐘を鳴らす。「参考文献《ビブリオグラフィー》」を「文献《テクスト》」に差し替えて研究者を標榜する風潮は猛省されねばなるまい。かつて小林秀雄は「歴史を見ず、歴史の見方を見て、歴史を見ていると信じている態度であります。まさに今日の歴史観上の客観主義が行っている処だ。客観主義とは全く偽名であります」（「歴史と文学」）と言ったが、この立場から生まれたのが小林の大著『本居宣長』だったのは言うまでもない。

著者フランシスコ・リコが意識したか否かは知る由もないが、本書で著者自身、実は一人の特異なユマニストになっていることが分かる。昔のテクストを発掘して評価をしたのがいわゆるユマニストなら、著者リコはそのテクストを先入観や常識的理解を拭い去った上で今一度自分で洗い直し、ポリツィアーノ他のユマニストを現代において再確認する。著者は「ユマニスムの夢はまさに自分自身で資料を提示し、その資料を操作することにあった」(第7章)、「古代から現代に至るまで、彼らは時間の間を自在に往来する」(第8章)と指摘するが、これは他ならぬ著者が実践した手作業だ。当事者の一人として過去のユマニスムの渦中に自分を据えつつ、その一方で現在の研究者として俯瞰回想的な視点に自分を安住させるのでもない。著者は「重層的ユマニスト」として生きる。自分をユマニスムの渦中に置く以上、自画自賛をしている余裕はない。当事者はそのダイナミズムの中でたゆたい、そしてもがく。

無数の文献を渉猟、そして消化してきた著者の場合、意表を突くような断定をいともさりげなく記すことがある。ほんの一例を挙げる。エラスムスを論じて、「彼の思想や彼の残した足跡を辿ってみると、「この発想は[まさに]エラスムスのもの」と言えるものがほとんどないことに気づかされる」と断じている(第8章)。これだけを読めば著者は非難の集中砲火を浴びることになろうが、ここで著者はエラスムスを不当評価しているわけでは、もちろんない。本書の論述を冷静に追ってゆけばまったく逆で、「北の」エラスムスが「南の」ユマニスムを巧みな舵取りで昇華させ、いかに文化変容を達成させていったかが、手にとるように理解される。膨大な「文献《テクスト》」を渉猟した末に、ようやく得られる視座があることを、著者は言外に主張する。

ラテン語、母国語のスペイン語以外に、いわゆる近代ヨーロッパ諸語を自由に渡り歩く著者は、時間軸だけでなく空間軸での移動も自在に果たす。とりわけ本書の特徴にもなっているのは、見果てぬ夢の舞台となった新世界の展開にもユマニスムが大きく関わった事実を説いていることだ(第5章)。コロンが見た夢(ユートピア=ウ・トポス=どこにもない所)が、スペインのネブリハとの関連で論じられる。我が国ではスペイン語文法の先駆者としてくらいでしか知られないネブリハが、実は異次元のユマニストだったことが、本書の記述をきっかけに認識され、F・デシオ、J・デ・ブロカール、シスネロス枢機卿等と共に、いつか正当な位置づけがなされるのを訳者は願い、それ自体がまたユマニスム認識の深化につながるものと考えている。その意味でスペインに関わる者としては、本書が日本における汎ヨーロッパのユマニスム、ルネサンスの理解に大きく資するだけでなく、近代ヨーロッパへの今後の視野拡大と深化につながることを確信したい。

今一度フランシスコ・リコ

著者フランシスコ・リコとスペインで初めて直接会って話したのがいつだったか、正確な記憶としては残っていない。三〇年以上前だったのは確かだ。某文化イベントがあって、リコ、小説家 Antonio Muñoz Molina、同夫人で同じく小説家（邦訳あり）の Elvira Lindo、それと間違いなく二〇世紀最大の映画俳優 Fernando Fernán Gómez（二〇〇七年没）と連れ立って、マドリードの古いレストランに夕食に行った。リコと挨拶以上の話をしたのは、おそらくこれが最初だったと思う。話は延々と続き（リコが何を注文したか忘れたが、我々が注文した胃袋の煮込みを見て、「そっちにしておけばよかった」と言ったのが妙に記憶に残っている）、時計は夜中（?）の三時を回っていた。残っている客はもちろん我々だけだった。ただ大物俳優 Fernán Gómez が客にいるというので、お気の毒にウエイターは看板だと追い出すわけにもいかず、じっと忍耐強く待っていた。三時を回ったところでリコがもう一軒飲みに行こうと誘ったが、さすがにこちらは限界で、Antonio 夫妻と私はタクシーを拾って逃走した。懐かしい思い出だ。

それ以降、リコとは会議の場で時々顔を合わせるようになった。バルセロナ在住だが、自分の調べごとを兼ねてほぼ毎週マドリードに出てきた。彼が二〇代半ばに書いた『人間の小さな世界』(前掲)に大学院生だった私が衝撃を受けたこと、教員になってしばらくして、リコの小著『異人に対峙したネブリハ』に触発されるかたちで、私が「ネブリハ論序説――スペイン・ルネサンスへの視座」(『思想』七六二号、岩波書店、一九八七年)を書いたことなどを伝え、文献のことでお世話になることが次第に多くなっていった。口頭だったたか、彼の記述だったかは覚えていないが、日本でも知られるE・ガレンが編纂した大部の『一四〇〇年代のラテン散文集』(*Prosatori latini del Quattrocento*, 1952)が手始めの必読書であることを指摘され、フィレンツェの古書店で見つけて小躍りしたことなどは懐かしい(今では全文がインターネットで公開されているが)。

読んでも話しても、驚かされることの連続だった。本書にも登場するピエトロ・マルティーレ・ダンギエーラ(ペドロ・マルティル)の『新世界とウマニスタ』(岩波書店、一九九三年刊行)を私が翻訳中だと言うと、次の週には某文献をコピーしてきてくれた。それ以上に驚かされたことがある。雑談をしていて、美術と無縁な私が一番衝撃を受けた絵はエル・グレコ、ベラスケス、ゴヤ、ピカソなどではなく、ピレネーの美しい城壁に囲まれた町 Solsona にある、控え目な教区博物館蔵の一〇世紀のフレスコ画「祈る人」(*Orant* 作者不詳)だが、この作品のことを素人なりに多少知りたい、と特別な意味も意図もなく漏らすと、「あれに関する本当の研究はまだなかったはずだ」と言いながら、翌週会議の折、カタルーニャ語で書かれた文献を持ってきて、「手元にこれしかなかった」と手渡された。

ところで本書では（本書に限らないが）ラテン語をはじめ、イタリア語、英語、フランス語、ポルトガル語、ドイツ語ほかの文献が自在に駆使されて引用されている。こうした外国語の文献を操ることができるのがリコなのではなく、リコからすれば単に必要だから修得して読む、それだけの話でしかない。おまけにリコ独特の文章には、本書でもワン・センテンスが一〇行を越えるものが散見する。正直なところ、翻訳させられるこちらは、たまったものではない。

本書のイタリア語訳 *Il sogno dell'umanesimo. Da Petrarca a Erasmo*, Einaudi, 1996, フランス語訳 *Le rêve de l'humanisme. De Pétrarque à Érasme*, Les Belles Lettres, 2002 を頻繁に参照したが、両訳書で共通するのは、長文のラテン語原文の引用がほぼすべて原文のまま放置されていることだ。両訳者にそれなりの考えがあろうが、邦訳ではそういうわけにはいかない。イタリア語版は著者からコピーをいただいたが全訳ではなく、コピーに無数の手書き修正が加えられていた（リコ自身によるものかは不明）。

ここで重大な問題をおことわりしなくてはならない。本書には優に二五〇を越える文献注解が施されている。これらのフットノートは理由があるからこそ付けられたもので、著者の主張の重要な裏付け、補強である場合が少なくない。訳者もそれを十分に理解する。ただ本文より小さな活字でつけられ、その多くが長大なラテン語引用で二五〇を越えるとなると、それを訳出するだけで非力の訳者には負担というだけでなく、本書の分量が途方もないものになってしまう。そこで正直に著者フランシスコ・リコに口頭や書簡で事情を説明したものの、当然ながら簡単には首を縦に振ってもらえなかったが、二年前の一二月にマドリードで会った際、ようやく原典注釈部分の編集許可を得ることができた。非礼への寛大な対応に、あらためて心からの謝意を表したのは言うまでもない。ただ日本の状況を考えた時、正直なところ、注で引用されているラテン語文を全訳するのに「少なくとも現段階で」どれだけ本当の意味があるかは疑問としなくてはならないのではないか。また、関心のある読者は原典または仏語、伊語版を入手することで、そうしたラテン語およびその他の注をお読みいただける。

なお本書理解のため最低限必要と思われる箇所に、訳者による補注を本文中に［　］をもって挿入するとともに、最低限必要と思われる人名・書名などに訳注を付し（巻末に収録）、同じく便宜をはからせていただいたことをおことわりしておく。

本書本文で引用されているラテン語には難解な箇所が少なくなく、コルドバ大学の元西洋古典学教授 Dr. José Castro には、幾度となく相談に乗っていただき、懇切なご指導を得た。なお、ラテン語に関して訳者は興味深い体験をしたことを付記する。ラテン語の辞書には頻繁にお世話になったが、現在流布しているラテン語の各種辞書よりも、本書後半で頻出するネブリハが一五世紀末に出したラテン語⇔スペイン語辞典のほうが遥かに役に立った。具体的には訳者が個人所蔵する一六五五年（リヨン）、一七三五年（セビリア）、一七五四年（マドリード）、一七九〇年（マドリード、二巻）、一七九二年（マドリード）の各版だ。最初の一六五五年版以外は最近、古巣のスペインに寄贈して役立ててもらうことにした。また本書には古いキリスト教関係の言及が多いが、これに関しては N. Alonso Perujo, J. Pérez Angulo 編の *Diccionario de ciencias eclesiásticas*（Barcelona, 10 vols., 1883–1890）に依拠することが多かった。

最後に上記の原典フットノートについての苦渋の選択と編集を寛大にも認めて下さった著者リコ氏

に今一度お詫びと御礼を申し上げると共に、本書の訳出を後押ししていただいた東京大学の樺山紘一名誉教授に心からの謝意を表させていただく。そして、編集・校正ほかの作業を丁寧にご担当くださった岩波書店の方々にも、この場を借りて深く御礼申し上げます。

二〇二二年一二月

清水憲男

訳　注

序

(1) **ユマニスム** humanisme. 原文 humanismo. 中世とは異なり，古代ギリシャ・ローマ文化の真価を掘り下げて高揚したルネサンス期の知的運動．その実際と経緯が本書で論じられる．

(2) **ロレンツォ・ヴァッラ** Lorenzo Valla(1407 頃-1457) 15 世紀イタリアの重要な哲学者，文献学者，修辞学者で，教育者としても卓越．『快楽について』(近藤恒一訳，岩波文庫)ほか．

(3) **心性史家** historien des mentalités 伝統史学と異なり，人間の感覚や心情など日常的なものを重視した歴史認識を追求する史家．

(4) **ペトラルカ** Francesco Petrarca(1304-1374) イタリア生まれのルネサンス・ユマニスムを代表する学者，文学者．

(5) **コルッチョ・サルターティ** Lino Coluccio Salutati(1331-1406) 1375 年から他界するまでフィレンツェ共和国書記を担当した政治家でユマニスト．古典語修得の重要性を説く．

(6) **クリュソロラス** Manuēl Chrysolōras(1350 頃-1415) コンスタンチノープルの名家出身で，中世末期にギリシャ文学を西洋に紹介した．

(7) **レオナルド・ブルーニ** Leonardo Bruni(1370 頃-1444) フィレンツェで活躍した政治家，歴史家．サルターティ(→訳注 5)などに師事．

(8) **アルベルティ** Leon Battista Alberti(1404-1472) 日本では建築家として知られる．絵画論をはじめ多方面で活躍し，ダ・ヴィンチと並んで，ルネサンスを代表する多彩な識見を発揮．

(9) **フラヴィオ・ビオンド** Flavius Biondus(1392?-1463) イタリアの考古学者，歴史家．イタリア各地の古代遺跡を再評価し，とりわけ古代ローマの遺跡を網羅した案内書で知られる．

(10) **エラスムス** Desiderius Erasmus(1466-1536) オランダ，ロッテルダム出身の神学，哲学を中心とした大ユマニスト．ヨーロッパ世界，とりわけスペインに多大な影響を及ぼした．

(11) **ルイス・ビベス** Juan Luis Vives(1492-1540) スペインのバレンシアでユダヤ系の家庭に生まれ，フランドルのブルージュに没した思想家．ルーヴァン大学教授．エラスムスと密な親交をもった．

(12) **スカリジェ** Escaligero(Giulio Cesare Scaligero)(1484-1558) イタリアで生まれたフランスの医師，ユマニスト．古代ギリシャ・ローマ史にエジプト，バビロニア，ユダヤ人などに関する識見を盛り込んで古代史を広範に論じた．

(13)　**ポリツィアーノ** Angelo Poliziano(1454-1494)　本書でたびたび言及されるイタリアの詩人，ユマニスト．本名 Angelo Ambrogini よりも，この通称で知られる．

第2章

(14)　**カルロ・ディオニゾッティ** Carlo Dionisotti(1908-1998)　イタリアの文学研究者，文献学者．イタリア文学史で多大な業績を残した．『イタリア文学の地理と歴史』ほか．

(15)　**コーラ・ディ・リエンツォ** Cola di Rienzo(1313-1354)　14 世紀イタリアの政治家．

(16)　**ジュゼッペ・ビラノヴィッチ** Giuseppe Billanovich(1913-2000)　イタリアの文献学者，文学研究者．ペトラルカをはじめとするルネサンス研究で知られる．

(17)　**ロヴァト・ロヴァティ** Lovato Lovati(1241-1309)　中世末期からルネサンス初頭のイタリアのユマニスト．詩人，公証人，判事として広く活躍．「ユマニスムの父」と呼ばれることがあり，古典文典への文献学的考証に尽力．

第3章

(18)　**グアリーノ・ヴェロネーゼ** Guarino Veronese(1374-1460)　イタリア，ヴェローナ生まれの哲学者，教育者．フィレンツェで古典文学を講じた．

(19)　**クインティリアヌス** Quintilianus(30 頃-100 以前)　紀元 1 世紀の修辞学者．出身は現在のスペイン．ここで言及される『弁論家の教育』は邦訳あり．

(20)　**ヤーコプ・ブルクハルト** Jacob Burckhardt(1818-1897)　スイス生まれの文化史研究者．哲学者ニーチェと親交．著書の邦訳多数．

(21)　**ポッジョ・ブラッチョリーニ** Giovanni Francesco Poggio Bracciolini(1380-1459)　イタリアのユマニストで，イタリア，イギリス，フランス，ドイツ，スイスなどをみずから回って，ラテン語で書かれた貴重な手稿や写本を収集してルネサンスの展開に貢献．

(22)　**パオロ・コルテジ** Paolo Cortesi(1465-1510)　ヴァチカンで書記官や秘書官として複数の教皇に仕えたイタリアのユマニスト．主著は『枢機卿論』(*De cardinalatu*)．

第4章

(23)　**ヴェスパジアーノ・ダ・ビスティッチ** Vespasiano da Bisticci (1421-1498)　イタリアのユマニストで書店経営者．メディチ家による原典や稀覯書の収集に全面協力．印刷術が普及し始めると従来の活動から離れ，自分が接触した人物などの記録を執筆．

(24)　**ポンポニウス・レトゥス** Julio Pomponio Leto (Julius Pomponius Laetus)

(1428?-1498)　イタリアのユマニスト．ヴァッラの弟子．古代ローマに関する博識をもって知られる．仲間組織を作り教皇庁との摩擦を体験した．

(25)　**ジャンノッツォ・マネッティ** Giannozzo Manetti(1396-1459)　ヘブライ語などの古典語に通じたイタリアの文献学者．フィレンツェで政治家としても活躍．

(26)　**ブルネット・ラティーニ** Brunetto Latini(1220 頃-1294)　フィレンツェ生まれの公証人，哲学者．中世の政治思想の伝搬者として重要．

(27)　**エウジェニオ・ガレン** Eugenio Garin(1909-2004)　イタリアの高名なルネサンス史研究者で多数の邦訳がある．

(28)　**ジャン・ガレアッツォ・ヴィスコンティ** Gian Galeazzo Visconti(1351-1402)　初代ミラノ公で知られ，政治力を用いてミラノのカテドラル建設着手や他の大規模工事に関わる．

(29)　**寛大王** el Magnánimo. Alfonso V(1396-1458)　スペイン，アラゴン王国のアルフォンソ5世．逝去時点での肩書はナポリ王．

(30)　**パノルミータ**　アントニオ・ベッカデリ(→訳注33)の別称．

(31)　**ロベルト・デ・アンジュー** Roberto de Anjou(1275?-1343)　数々の肩書を持ち，とりわけナポリ王としてナポリの名声を高めるのに貢献．諸文芸を擁護し，ペトラルカやボッカチオとも親交．

(32)　**アルベルティーノ・ムサート** Albertino Mussato(1261-1329)　パドヴァ出身の政治家．ラテン語による詩を得意とし，劇作家，政治家，とりわけ歴史家として名を残した．

(33)　**ベッカデリ** Antonio Beccadelli(1394-1471)　別称イル・パノルミータ il Panormita で知られるイタリアの詩人，年代記作家，外交官，教会法の専門家．通常ラテン語で執筆．

第5章

(34)　**マンテーニャ** Andrea Mantegna(1431-1506)　イタリア，ルネサンス期の画家，版画家．パドヴァ近郊で生まれ，遠近法を用いた厳格な画面構築で知られる．

(35)　**アントニオ・デ・ネブリハ** Elio Antonio de Nebrija(1444?-1522)　スペイン最大のユマニスト．サラマンカ大学教授．コロン(→訳注36)が新世界に到達した1492年に，最初のスペイン語文法書を刊行．本書後半で頻出．

(36)　**クリストバル・コロン** Cristóbal Colón(1451?-1506)　日本では従来よく「コロンブス」と呼ばれてきた．

(37)　**アルベルティのユピテル**　ユピテル(英語のジュピター)はローマ神話の主神(ギリシャ神話ではゼウスと同一視)で世界の再構築を着想．アルベルティは前掲の『モムス』他でこのテーマに言及．

第6章

(38)　**アリオスト** Ludovico Ariosto(1474–1533)　イタリアの詩人．代表的物語詩『狂えるオルランド』の邦訳がある．

(39)　**ピエトロ・マルティーレ・ダンギエーラ** Pietro Martire d'Anghiera(スペイン語表記で Pedro Mártir de Anglería)(1457–1526)　イタリアのアローナ生まれで，スペインのカトリック両王のもとで技量を発揮した歴史家でユマニスト．主著『新世界とウマニスタ』(清水憲男訳，岩波書店)．

第7章

(40)　**フィリッポ・ベロアルド** Filippo Beroaldo(1453–1505)　スエトニウス，キケロ，ウェルギリウスなど多くのラテン著作家の注釈版を刊行．詩才も発揮．

(41)　**オード** ode　高雅な主題を歌う詩形式．「頌歌」と訳されることが多い．

(42)　**ギヨーム・ビュデ** Guillaume Budé(1467–1540)　フランスの文献学者，ユマニスト．ギリシャ語の知識を深めた後さらに学識を広げ，王室や教皇庁で活躍．エラスムス，トマス・モア，ラブレーなどと親交．

(43)　**ペトルス・ロンバルドゥス** Petrus Lombardus(Pedro Lombardo)(1100頃–1160)　イタリア語式ではピエトロ．イタリアに生まれパリで没した神学者，スコラ哲学者．主著『命題集』は神学の必携書とされた．

(44)　**エルモラオ・バルバロ** Ermolao Barbaro(1454–1493)　イタリアのユマニスト．古典語に通じ，アリストテレスの諸著作を出版．プリニウスの『自然誌』(『博物誌』とも)の考証で知られる．

(45)　**マルシリオ・フィチーノ** Marsilio Ficino(1433–1499)　イタリアのユマニスト，カトリック司祭で文献学者，哲学者，神学者．メディチ家に擁護されて活躍し，いわゆるプラトン・アカデミーの中心的人物だった．邦訳に『恋の形而上学』．

(46)　**ジョヴァンニ・ピコ・デラ・ミランドラ** Giovanni Pico della Mirandola(1463–1494)　イタリアの高名なユマニスト．邦訳もある『人間の尊厳について』で知られる．以後，本書で頻出．

(47)　**ディオスコリディス** Dioscorides　紀元90年頃没のギリシャの医者．みずからの観察を元に書いた『医学について』(『薬物誌』の邦訳名でも知られる)は西洋で長期にわたって多大な影響力をもった．「本草学の父」と呼ばれる．

第8章

(48)　**バクシオ** Gerardus Bacchusius(生没年不詳)　現在のブルージュ(ベルギー)出身の司祭．本書簡は1522年5月27日付(エラスムス書簡全集による)．

(49)　**フィリップ・メランヒトン** Philipp Melanchthon(1497–1560)　ルター派の宗教学者．宗教改革の理論体系化を試みた．「心理学」の呼称発案者としても知

られる．

(50)　**『痴愚神礼賛』**　エラスムスがラテン語で書いた風刺作品で，1511年の初版以来，諸々の外国語に訳されて大きな影響を与えた．邦訳も数種類ある．

(51)　**感情状態** páthos　ギリシャ語起源．一般的に強い感情の動きを指す．

第9章

(52)　**ウルガタ聖書**　カトリックの標準的なラテン語版聖書，ヒエロニムス版とも呼ばれる．1546年のトリエント公会議で公認された．

(53)　**エル・ブロセンセ** El Brocense 本名 Francisco Sánchez de las Brozas (1523-1600)　サラマンカ大学の古典語・修辞学教授．

(54)　**エウヘニオ・アセンシオ** Eugenio Asensio (1902-1996)　スペイン生まれの古典文学研究者．スペイン内戦を契機に20世紀末までリスボンに居を構えた．スペイン，ポルトガル両国の文学に通じ，古代のギリシャ語・ラテン語，近代諸語に通じ，エラスムス，セルバンテスなどに関して大きな業績を残した．大著『ポルトガル研究』ほか．

(55)　**フランシスコ・デ・マドリード** Francisco de Madrid (?-1510)　北部スペインで高位聖職者となるも病気治療のため南のグラナダへ．静養しながら，引用されているペトラルカの翻訳を進めた．

第10章

(56)　**パンドルフォ・コレヌッチオ** Pandolfo Collenuccio (1444-1504)　イタリアのユマニストで歴史家，詩人．ラテン語，イタリア語で執筆．『ナポリ王国史』で知られる．

補講1

(57)　**フリオ・カロ・バロハ** Julio Caro Baroja (1914-1995)　スペインの人類学者．訳書に『カーニバル その歴史的・文化的考察』．

(58)　**フアン・デ・ブロカール** Juan de Brocar (?-1552)　Arnao[=Arnaldo] Guillén de Brocar (フランス系．1460頃-1523頃) の息子で，父親の印刷業 (1511年創業) を受け継いで「多国語訳聖書」に関わり，ネブリハと親交．没年は1560年との説もある．

(59)　**アルナルドゥス・ギリェルムス** Arnaldus Guillermus de Brocar (Arnao〈Arnaldo〉Guillén de Brocar ほかの表記あり) (1460頃-1523)　フランス出身だが，スペインで重要な出版物に関わった．フアン・デ・ブロカール (→訳注58) の父親．

(60)　**エブラルドゥス** Ebrardus[Bethuniensis] (Eberhard of Béthune, Évrard de Béthune, Eberhardus Bethuniensis 他の表記) は13世紀フランドルの文法学者で

1212没?，**パストラーナ**（Juan de Pastrana)は15世紀スペインの文法学者，**アレクサンドル**（Alejandre Villedieu)は12世紀から13世紀にかけてのフランスの文法学者．

(61)　**カルロス一世** Carlos I(1500-1558)　神聖ローマ帝国皇帝カール五世 Karl V．

(62)　**フォックス・モルシーリョ** Sebastián Fox Morcillo(1528?-1558以降)　16世紀前半に活躍したスペイン生まれの哲学者．ルーヴァンで研鑽を積んだ．生涯は不明なところが多く，プラトンとアリストテレス論を主軸とした『自然哲学』が主著．

(63)　**フランシスコ・デシオ** Francisco Decio(Francisci Decii)(生没年不詳)　16世紀のユマニストで，生涯に関しては不明なところが多い．教育論者として傑出し，何期かにわたって雄弁術の教授をつとめている．

(64)　**バレンシアの「審査官」**　中世来，東部スペインのバレンシア地方が国家体制を敷いていた頃，政治をつかさどった最高機関の構成員．

(65)　**フアン・ペレス** Juan Pérez(通称 Petreius)(1512-1545)　生涯に関しては不明なところが多い．アルカラ・デ・エナーレス大学修辞学教授，雄弁をもって知られた．

(66)　**フアン・マルドナド** Juan Maldonado(1485?-1554?)　スペインのユマニストで，サラマンカで法学や人文学を学ぶ．エラスムス思想のスペイン導入に貢献．

(67)　**ルイス・ハンケ** Lewis Hanke(1905-1993)　ハーバード大学他で要職．米国におけるラテンアメリカ史研究の父と称される．『アリストテレスとアメリカ・インディアン』(佐々木昭夫訳，岩波新書)．

(68)　**六歩格詩**　ギリシャ・ラテンの古典叙事詩で用いられた韻律形式．

(69)　**ロペ・アロンソ・デ・エレーラ** Lope Alonso de Herrera（Lupi Alfonsi a Herrera Hispalensis）　生涯は不鮮明で1460年頃に生まれ，晩年の著作(反アリストテレス論)が1517年のため，他界はそれ以降とされる．早くからエラスムスの影響を受けたことが知られ，アルカラ・デ・エナーレス大学に招聘されて修辞学と文法学を教えた．

補講2

(70)　**ピーター・ゴッドマン** Peter Godman(1955-2018)　ニュージーランド生まれの研究者で，中世ラテン文献学，ルネサンス研究，ヴァチカンの歴史研究で知られる．

(71)　**シルヴィア・リゾ** Silvia Rizzo　1946年ローマ生まれの研究者で，中世ラテン文学，ユマニスムについて優れた研究を発表．

(72)　**アンソニー・グラフトン** Anthony Grafton(1950-　)　米国生まれ，ルネサンスを中心とする歴史研究者．プリンストン大学教授．

(73)　**アルドゥス・マヌティウス** Aldus Manutius(Aldo Manuzio)(1449?-1515)　イタリアのユマニスト，ギリシャ・ラテンの古典に通じ，重要な出版物の刊行に尽力したことで知られる．

(74)　**ジロラモ・アヴァンツィオ** Girolamo Avanzio (Avanzi, Avantius)(1493?-没年不詳)　イタリア，ヴェローナ出身，パドヴァで哲学教授．ギリシャ・ラテンの優れた校訂版を刊行した文献学者．

引用・参照文献レファレンス

＊「訳者解説」でも言及したように，本書の詳細な文献注解を全訳すると膨大になりすぎるため，ここには本文中で言及されたもののうち，読者が関心を持たれる可能性の高いと思われる文献のみを選び，原典所在の特定に資する若干の情報を示した．

*1 E. Garin 編，*Prosatori latini del Quattrocento*; M. Regoliosi, *Nel cantiere del Valla* 他.
*2 F. Bruni, "Modelli in contrasto e modelli settoriali nella cultura medievale".
*3 C.B. Fisher, "The Pisan clergy and an awakening of historical interest in a medieval commune" より.
*4 G. Martellotti, *Scritti petrarcheschi* より.
*5 M. Feo, "Tradizione classica", *Letteratura italiana*, ed. A. Asor Rosa.
*6 P.F. Grendler, *Schooling in Renaissance Italy. Literacy and Learning, 1300–1600* より.
*7 R. Sabbadini, *La scuola e gli studi di Guarino Veronese* より.
*8 A. Grafton, L. Jardine, *From Humanism to the Humanities. Education and the Liberal Arts in Fifteenth and Sixteenth-Century Europe.*
*9 L. Valla, *Repastinatio dialectice et philosophie.* Padova で刊行された G. Zippel の校訂版による.
*10 S.I. Camporeale, "Lorenzo Valla, *Repastinatio, liber primus*: retorica e linguaggio" 他.
*11 G. Billanovich, "Il preumanesimo padovano" 他.
*12 S. Rizzo, *Il lessico filologico degli umanisti.*
*13 前掲*1 E. Garin, *Prosatori*...他.
*14 V. da Bisticci, *Le vite* 他.
*15 B. Platina, *Historia de vitis pontificum.*
*16 L. Martines, *The Social World of the Florentine Humanists, 1390–1460.*
*17 H. Baron 編，*From Petrarch to Leonardo Bruni* 他.
*18 B. Corio, *L'historia di Milano.*
*19 E. Garin, *Umanisti artisti scienziati. Studi sul Rinascimento italiano.*
*20 D. De Rosa, *Coluccio Salutati: il cancelliere e il pensatore politico.*
*21 J. Monfasani 編，*Collectanea Trapezuntiana. Texts, Documents and Bibliographies of George of Trebizond.*
*22 N. Rubinstein, "Le dottrine politiche nel Rinascimento".

*23　A. Beccadelli, il Panormita, *De dictis et factis Alphonsi regis* I, 1.
*24　J. Rubió i Balaguer, *Humanisme i Renaixement* 所収. *Cancionero de Baena*, 254 も参照.
*25　M. Fois, *Il pensiero cristiano di Lorenzo Valla nel quadro storico-culturale del suo ambiente.*
*26　G. Billanovich, *La tradizione del testo di Livio e le origini dell'umanesimo.*
*27　G. Billanovich 他 "Per la fortuna di Tito Livio nel Rinascimento italiano".
*28　L. Cesarini Martinelli, "Le postille di Lorenzo Valla all'*Institutio oratoria* di Quintiliano" 他.
*29　前掲*23 A. Beccadelli, il Panormita, *De dictis et factis Alphonsi regis* 所収, J. Ruiz Calonja 編の資料.
*30　E.H. Gombrich, *Tras la historia de la cultura.*
*31　H. Baron 編, *Leonardo Bruni Aretino. Humanistisch-philosophische Schriften* 所収.
*32　M. Regoliosi, "Nuove ricerche intorno a Giovanni Tortelli".
*33　P.O. Kristeller, *Studies in Renaissance Thought and Letters.* とりわけ B.G. Kohl, "The changing concept of the *studia humanitatis* in the early Renaissance".
*34　A. Campana, "The Origin of the Word 'Humanist' ".
*35　F. Paolini, *De doctore humanitatis oratio*, R. Avesani, "La professione dell' 'umanista' nel Cinquecento", A. Lanza, "Storia della parola *umanista*".
*36　N. Mann, "Petrarch's Role as Moralist in Fifteenth-Century France".
*37　L. Gualdo Rosa, "L'elogio delle lettere e delle armi nell'opera di Leonardo Bruni" より.
*38　V. da Bisticci, *Le vite,* I.
*39　A. Sottili, *Giacomo Publicio, «Hispanus», e la diffusione dell'Umanesimo in Germania.*
*40　V. Fera, "Problemi e percorsi della ricezione umanistica".
*41　C. Dionisotti, "Calderini, Poliziano e altri".
*42　前掲*1 E. Garin 編, *Prosatori...*, 所収, "Angelo Poliziano" の項.
*43　M. Martelli, "La semantica del Poliziano e la *Centuria Secunda* dei *Miscellanea*" 他の評釈.
*44　P. Godman, "Poliziano's Poetics and Literary History".
*45　V. Fera, *Una ignota «Expositio Suetoni» del Poliziano* 他.
*46　A. Grafton, "The Scholarship of Poliziano and Its Context" 他.
*47　V. Branca, *Poliziano e l'umanesimo della parola.*
*48　E. Barbaro 書簡 LXI, V. Branca 編による.

*49 K.M. Reeds の評釈 “Renaissance Humanism and Botany”.
*50 G. Pozzi 編, *Hermolai Barbari Castigationes Plinianae et in Pomponium Melam* 他.
*51 C. Dionisotti, *Aldo Manuzio editore* への序文他.
*52 J.C. Margolin, “De la digression au commentaire: pour une lecture humaniste du *De Asse* de Guillaume Budé”.
*53 S. Seidel Menchi, *Erasmo in Italia (1520–1580)* 他.
*54 J. D'Amico, *Theory and Practice in Renaissance Textual Criticism. Beatus Rhenanus between Conjecture and History.*
*55 J. Chomarat, *Grammaire et rhétorique chez Erasme.*
*56 前掲*8 A. Grafton, L. Jardine.
*57 C. Augustijn, *Erasmus von Rotterdam. Leben, Werk, Wirkung.*
*58 R. G. Villoslada, *La universidad de París durante los estudios de Francisco de Vitoria O.P. (1507–1522).*
*59 R. Cardini, “‘Antichi e moderni’ in Paolo Cortesi”; J.F. D'Amico, *Renaissance Humanism in Papal Rome.*
*60 P. de Nolhac, *Pétrarque et l'humanisme* 所収.
*61 M. O'Rourke Boyle, *Erasmus on Language and Method in Theology*; M. Hoffmann, *Rhetoric and Theology: The Hermeneutic of Erasmus.*
*62 S. Camporeale, *Lorenzo Valla. Umanesimo e teologia.*
*63 L. D'Ascia, *L'oratore e il presente. Il metodo retorico di Erasmo da Rotterdam e la polemica sul ciceronianismo; Erasmo e l'Umanesimo romano* 参照.
*64 前掲*10 Camporeale; E. Asensio, “El erasmismo y las corrientes espirituales afines” など参照.
*65 J.H. Bentley, *Humanists and Holy Writ. New Testament Scholarship in the Renaissance*; E. Rummel, *Erasmus' «Annotations» on the New Testament* 参照.
*66 Ch. Trinkaus, *«In Our Image and Likeness». Humanity and Divinity in Italian Humanist Thought* 内の注釈参照.
*67 G. Manetti, *Apologeticus*, 論集 *Poliziano nel suo tempo* など参照.
*68 前掲*65 J.H. Bentley 他.
*69 M. O'Rourke Boyle, *Christening Pagan Mysteries. Erasmus in Pursuit of Wisdom.*
*70 前掲*57 C. Augustijn.
*71 L. Minio-Paluello, “Il *Fedone* latino con note autografe del Petrarca”.
*72 A. Huerga, *Savonarola* 所収.
*73 C.H. Rawski 編, *Petrarch's Remedies for Fortune Fair and Foul* 他.
*74 A. Grafton, “Renaissance Readers and Ancient Texts”.

*75 L. Cesarini Martinelli, "Note sulla polemica Poggio-Valla e sulla fortuna delle *Elegantiae*"; M. Tavoni, *Latino, grammatica, volgare. Storia di una questione umanistica.*

*76 C.G. Nauert, Jr., "Humanists, Scientists, and Pliny: Changing Approaches to a Classical Author"; D. Mugnai Carrara, "Profilo di Nicolò Leoniceno" 他.

*77 L. Thorndike, *A History of Magic and Experimental Science* 他.

*78 M. Martelli, *Machiavelli e gli storici antichi*; A. Grafton, "Portrait of Justus Lipsius".

*79 K. Müllner, *Reden und Briefe italienischer Humanisten*; R. Sabbadini, *Il metodo degli umanisti* 他.

*80 前掲*66 Ch. Trinkaus; L. Sozzi, "La 'dignitas hominis' dans la littérature française de la Renaissance" 他.

*81 前掲*80 Sozzi 論考.

*82 G. Paparelli, *Feritas, humanitas, divinitas. Le componenti dell'umanesimo*; S. Dresden, "Erasme et la notion de *humanitas*" 他.

*83 E. Garin, "La *dignitas hominis* e la letteratura patristica".

*84 A.J. Festugière, *La révélation d'Hermès Trismégiste*, II.

*85 G. Manetti, *De dignitate et excellentia hominis*, III.

*86 J.Á. González, *De origine et laudibus Poeseos sylva.*

*87 E. Asensio, J.F. Alcina Rovira, *«Paraenesis ad litteras». Juan Maldonado y el humanismo español en tiempos de Carlos V.*

*88 A. Carreño, "Una guerra *sine dolo et fraude*. El P. Las Casas y la lucha por la dignidad del indio en el siglo XVI"; E. Garin, *Rinascite e rivoluzioni.*

*89 F. Rico, *Vida u obra de Petrarca*, I: *Lectura del «Secretum».*

*90 E. Garin, "La cultura fiorentina nella seconda metà del 300 e i 'barbari britanni'"; R. Waswo, *Language and Meaning in the Renaissance* 他.

*91 C. Vasoli, *La dialettica e la retorica dell'Umanesimo. «Invenzione» e «metodo» nella cultura del XV e XVI secolo.*

*92 E. Garin, *L'età nuova.*

*93 G.W. Pigman III, "Imitation and the Renaissance Sense of the Past: The Reception of Erasmus' "Ciceronianus".

*94 V. Del Nero, *Linguaggio e filosofia in Vives. L'organizzazione del sapere nel «De disciplinis» 1531.*

*95 D.O. McNeil, *Guillaume Budé and Humanism in the Reign of Francis I*, "philology" の項.

[訳者]

清水憲男

1947年生．上智大学名誉教授．スペイン文学，文献学専攻．

著書に，『ドン・キホーテの世紀――スペイン黄金時代を読む』（岩波書店，1990．中国語版，2022），『スペイン古典文学文典への文献学的注解』（スペイン語，私家版），『新・スペイン語落ち穂ひろい』（白水社，2013），訳書に，O.パス『大いなる文法学者の猿』（新潮社，1977），マルティィル『新世界とウマニスタ』（岩波書店，1993），ゴマラ『拡がりゆく視圏』（岩波書店，1995），編訳書に，『セルバンテス――スペインが生んだ近代小説の先駆者』（平凡社，1979），『スペイン現代詩』（上智大学イスパニア研究センター，2006）など．

Francisco Rico
1942年生．元バルセロナ自治大学教授．中世文学史，文献学専攻．セルバンテス『ドン・キホーテ』をはじめ数々の古典作品の校訂注釈に携わり，「スペイン王立アカデミー古典叢書」(継続刊行中)など複数の文学史シリーズの編集を手掛ける．仏ボルドー大学，伊ボローニャ大学などから名誉博士の学位を受けている．
著書に，『ピカレスク小説と視点』(*La novela picaresca y el punto de vista*, 1970)，『アルフォンソ賢王と「全史」』(*Alfonso el Sabio y la "General estoria"*, 1972)，『ペトラルカの生涯もしくは作品』(*Vida u obra de Petrarca*, 1975)，『スペイン中世における説教と文学』(*Predicación y literatura en la España medieval*, 1977)，『ドン・キホーテのテクスト』(*El texto del "Quijote": Preliminares a una ecdótica del Siglo de Oro*, 2006)，『ペトラルカの金曜日』(*I venerdì del Petrarca*, 2016)，『受け継がれる忠誠——文献学者と同族者たち』(*Una larga lealtad – Filólogos y afines*, 2022)など．

ユマニスムの夢——ペトラルカからエラスムスへ
フランシスコ・リコ

2023年3月16日　第1刷発行

訳　者　清水憲男《しみずのりお》

発行者　坂本政謙

発行所　株式会社 岩波書店
〒101-8002 東京都千代田区一ツ橋 2-5-5
電話案内 03-5210-4000
https://www.iwanami.co.jp/

印刷・精興社　製本・牧製本

ISBN 978-4-00-025433-5　　Printed in Japan

岩波オンデマンドブックス
ドン・キホーテの世紀
―スペイン黄金時代を読む―
清水憲男
四六判三五四頁
定価五九四〇円

中世史とは何か
J・H・アーノルド
図師宣忠
赤江雄一 訳
四六判二七〇頁
定価三〇八〇円

羊皮紙の世界
―薄皮が秘める分厚い歴史と物語―
八木健治
A5判一二六頁
定価三一九〇円

文学と国柄
―一九世紀日本における文学史の誕生―
E・ロズラン
藤原克己
鈴木哲平 訳
A5判五一〇頁
定価一七、六〇〇円

ペトラルカ ルネサンス書簡集
近藤恒一 編訳
岩波文庫
定価九二四円

岩波書店刊

定価は消費税10%込です
2023年3月現在